TOUTES LES TAPAS

110 recettes

ESCUDO DE ORO

TOUTES LES TAPAS

Mise en page et reproduction entièrement conçues et réalisées
par les équipes techniques de
EDITORIAL FISA ESCUDO DE ORO, S.A.

ISBN : 978-84-378-2691-2
Dépôt légal : 29388-2 008
Imprimé en Espagne

LE FABULEUX MONDE DES TAPAS

Les Tapas ont conquis le monde. Cette façon de manger, qui est en réalité beaucoup plus une façon d'encourager les relations sociales, naît dans les tavernes et les gargotes andalouses. C'était autrefois une tranche de charcuterie, une tranche de fromage ou même une tranche de pain qui servait à recouvrir (« tapar ») le verre afin d'éviter que les mouches ou les moustiques tombent dans le précieux liquide qu'il contenait. D'autres versions assurent que c'était pour éviter que le vin ne perde rien de son arôme. Plus tard, et tout en prenant le nom de Tapa, le système a évolué et est devenu peu à peu l' « art de manger debout ».

Le berceau et l'origine de la tapa est, sans aucun doute, l'Andalousie bien qu'on la retrouve actuellement partout en Espagne et très particulièrement au Pays Basque. Les comptoirs y sont recouverts d'une multitude de « brochettes » qui présentent une créativité, un design et une excellente combinaison de goûts et de saveurs. Il est fréquent aujourd'hui qu'un groupe d'amis ou une famille décident aller faire un dîner de tapas. Quelques fois même, le comptoir est remplacé par une table et des chaises, beaucoup plus commodes ma foi.

En Espagne il existe plusieurs sortes de tapas et nous pourrons ainsi distinguer les tradi-

tionnelles et communes à toutes les régions – qui oserait attribuer la classique omelette de pommes de terre à une région concrète ?–, les typiques de chaque zone ou Communauté Autonome, les « tapas de design », fruits de l'imagination de leurs créateurs (plus ou moins bien réussies suivant le cas) et celles que nous pourrions qualifier d' « importation » et qui occupent peu à peu un espace dans le monde bigarré des tapas. N'oublions pas bien sûr ce que nous pourrions appeler les ingrédients purs, c'est-à-dire les salaisons, les charcuteries, les fruits de mer et les fruits secs.

Que boit-on avec les tapas ? Un peu de tout et par ordre. On peut même boire des rafraîchissements de toute sorte bien que cette option n'est pas la plus recommandable (selon mon opinion) sauf dans le cas d'enfants ou de personnes avec une intolérance manifeste pour les boissons alcoolisées. Dans ces cas il est préférable de boire un bon verre d'eau fraîche et cristalline.

Parmi les boissons les plus demandées et appréciées, signalons la bière. Il existe dans notre pays de nombreuses marques et variétés de bières, la plupart excellentes au dire des consommateurs nationaux et étrangers. Bien que l'on puisse trouver la bière en bouteille ou en canette un peu partout, la façon la plus typique et habituelle est le « demi » pression. La bière accompagne très bien presque toutes les tapas mais plus particulièrement celles qui contiennent du vinaigre.

Nous avons ensuite le vin, presque toujours en bouteille car si autrefois on servait du vin en vrac, cette coutume est de plus en plus inhabituelle. Les vins blancs, rouges ou rosés proviennent généralement de la région et leur qualité, bien que bonne, n'est pas à la hauteur des marques de prestige qui sont servies dans ces locaux. Il faut bien souvent consommer la bouteille ce qui n'est pas un problème si nous sommes un petit groupe car une bouteille nous donnera sept verres bien servis.

Il en est tout autre pour les vins généreux qui sont consommés, eux, par verre bien qu'il soit facile de trouver, surtout en Andalousie, des bouteilles de 37,5 cl. C'est la mesure idéale pour deux personnes surtout dans le cas du « fino » ou de la « manzanilla ». Il faut consommer les vins plus puissants, comme les « olorosos secs » ou les « amontillados », avec modération car ils sont peu recommandables si on n'a pas l'habitude d'en boire.

Un classique en Espagne le « vermouth ». Il est moins habituel actuellement mais conserve encore de nombreux adeptes. Il est généralement embouteillé mais les vrais amateurs préfèrent celui que l'on trouve en barrique, servis au robinet. On trouve dans cette gamme le typique « palo » majorquin.

Il y a, comme je le signalais au début, de nombreuses possibilités comme certains cocktails (un Dry Martini par exemple), mais ce ne sont pas des boissons très usuelles. Il ne nous reste donc plus que signaler le champagne (cava) qui, bien que produit majoritairement en Catalogne, se retrouve aussi dans d'autres régions comme La Rioja, Estrémadure ou Aragon. Cette boisson exceptionnelle a l'avantage de très bien accompagner tout. Elle est idéale en été et on doit la consommer « brut » ou « extra brut » pour accompagner les tapas. Il faut le boire froid, entre 6 et 8° C et il vaut mieux le boire en coupe qu'en flûte. Au goût du consommateur.

Après ce survol des délicieuses boissons qui accompagneront notre promenade dans le monde des tapas, commentons les endroits les indiqués où les consommer et quelles sont les spécialités les plus intéressantes de chaque zone.

Tout d'abord, l'Andalousie, berceau de la tapa sous toutes ses formes. La tapa est quelques fois servie gracieusement avec la boisson, mais on peut aussi la commander de la longue liste que les établissements proposent à la clientèle. Il est fréquent de consommer des « rations » ou des « demi rations », plus abondantes que les tapas et qui peuvent être dégustées en compagnie. Le nombre d'établissements, bars, tavernes ou points de ventes est presque infini et les prix sont généralement à la portée de toutes les bourses. On pratique beaucoup « le zing » bien qu'il existe très souvent des tables, beaucoup plus confortables. On peut trouver pratiquement partout du vin « fino » mais la boisson la plus demandée est, sans aucun doute, la bière. Quant aux spécialités, dans la zone côtière, on trouve surtout des fruits de mer, des poissons et des céphalopodes en fri-

ture ou marinés et des petites cassolettes avec des ragoûts à la marinière. Dans l'arrière-pays, les viandes en sauce sous plusieurs forme (lardées, fricadelles, « flamenquins » (jambon enroulé dans de l'échine et pané). Et partout la délicieuse charcuterie andalouse, de Huelva, Grenade et d'autres zones.

Les côtes de la Méditerranée nous offrent de délicieux poissons et des fruits de mer qui sont servis dans les bars et sur les terrasses accompagnés par une bière bien fraîche où l'un des vins merveilleux produits de Murcie à la Catalogne, sans oublier les Baléares. Les anchois de L'Escala, les primeurs des potagers, les charcuteries de Murcie, de Majorque ou de Catalogne complètent la diversité d'amuse-gueule que l'on peut déguster dans les locaux fréquentés par les nationaux et les touristes.

Au Canaries, on peut trouver un peu de tout car l'exigence des visiteurs oblige à transporter aux îles les bases indispensables pour que l'éventail soit suffisamment appétissant. N'oublions cependant pas les spécialités autochtones comme les fantastiques

« papas arrugás » avec leur « mojo verde ou picón ».

Aragon, La Rioja et Navarre sont chapitre à part. D'une part, les trois autonomies ont des vins excellents et d'autre part des produits de première qualité qui, ajoutés à une cuisine puissante donnent un résultat surprenant. L'apéritif peut très vite devenir un repas copieux et succulent. Cassolettes de minestrone, chistorra (sorte de chorizo très fin), croquettes, « zarandajos » et mille tentations qui régaleront le plus exigent.

Nous arrivons au pays Basque où le « pintxo » (brochette) est le roi. Accompagné d'un « pote » ou d'un « chiqui- to » (petits verres) de vin rouge ou du très particulier « txakoli » ou même de cidre. Les comptoirs, recouverts de ces petits délices sont une tentation irrésistible.

Santander et les Asturies viennent très près derrière et le manque de production locale de vin est largement remplacé par une consommation plus importante de cidre et de bière. Les fruits de mer sont à l'ordre du jour et d'une qualité exceptionnelle ainsi que les petites cassolettes de « fabes » (gros haricots) ou de pommes de terre qui réconfortent le promeneur après une longue marche à travers la campagne ou sur les bords de la mer, suivant l'endroit où il se trouve.

En arrivant en Galice, nous dégusterons les vins d'Albariño et de Ribeiro tout en dégustant les meilleurs fruits de mer du monde. N'oublions pas de goûter à la fameuse tourte de « xoubas » (petites sardines), de bonite ou même de coques, le fantastique lacón con grelos (jambon cuit avec des feuilles de navet) et surtout le magnifique « poulpe a feira ».

Estrémadure et les deux Castilles nous proposent des variantes de charcuteries et viandes, des fromages délicieux, de petites portions de grands ragoûts et de civets de chasse, le « morteruelo » de Cuenca (sorte de saucisson farci de gibier) et le « gaspacho de la Mancha » (qui n'a rien de voir avec celui d'Andalousie, la fameuse soupe de tomate) et les vins les plus divers de très grande qualité.

Et nous finirons à Madrid où le culte à la tapa est total. Les locaux qui offrent tout ces délices sont très nombreux. On en trouve à tous les coins de rue. On peut aussi déguster des vins de toutes les qualités et de toutes les appellations. Ils sont servis par verre et accompagnent les produits et les plats de toutes les régions arrivés aux comptoirs ou aux cuisines. Il y a aussi les grandes tapas autochtones : les tripes, les « bravas » (pommes de terre avec une sauce piquante), les « soldaditos de Pavia » (dés de morue frits) ou les anchois à l'huile et au vinaigre.

Je suis sûr que ce livre vous servira pour ne pas oublier le monde fantastique de la tapa et qu'il vous aidera à les préparer sans encombres pour votre régal et celui de votre famille et de vos amis.

Ángel de Miguel

LEGUMES ET CHAMPIGNONS

AJILIMÓJILI

Ingrédients pour 12 personnes : **Difficulté :** ✱✱

- *1 kg de pommes de terre*
- *3 poivrons rouges*
- *3 gousses d'ail*
- *½ tasse d'huile d'olive vierge*
- *Sel*

Lavez les pommes de terre et faites-les cuire dans de l'eau salée jusqu'à ce qu'elles soient tendres. Pelez-les et réduisez-les en purée. Mettrez-les dans un bol. Lavez les poivrons, enduisez-les d'huile et faites-les griller au four avec les ails. Lorsqu'ils sont grillés, recouvrez-les avec un torchon ou du papier d'aluminium pour pouvoir plus facilement les peler, ainsi que les ails.
Ajoutez les poivrons et les ails à la purée de pommes de terre et triturez tout ensemble. Travaillez pour obtenir une pâte homogène. Salez et ajoutez l'huile sans arrêter de touiller, comme pour une mayonnaise. Servez sur des toasts (Vous pouvez aussi le préparer en malaxant avec le pilon du mortier ou un mixer).

Boisson recommandée : Vin rosé A.O.C. Navarra.

ALCACHOFAS CON ANCHOAS
(ARTICHAUTS AUX ANCHOIS)

Ingrédients pour 6 personnes : **Difficulté : ✱✱**

- ✓ *12 cœurs d'artichauts*
- ✓ *24 anchois à l'huile*
- ✓ *50 g de jambon de montagne*
- ✓ *2 poivrons rouges*
- ✓ *6 cuillerées d'huile d'olive*
- ✓ *1 cuillerée de vinaigre de Xérès*
- ✓ *Sel*

Coupez les poivrons en lanières et réservez. Hachez ensuite finement le jambon et répartissez-le dans les cœurs d'artichauts cuits en les ouvrant soigneusement. Placez-les dans un plat de service en essayant de les faire ternir bien droits. Coupez les anchois en lanières dans le sens de la longueur et disposez-les en croix sur les artichauts.
Placez les poivrons au centre du plat des artichauts. Faites une vinaigrette avec l'huile, le vinaigre et le sel et arrosez-en les artichauts.

Boisson recommandée : Vin Fino A.O.C. Jerez.

Canastillas de Salmorejo
(Tartelette de « Salmorejo »)

Ingrédients pour 6 personnes : ***Difficulté : ✱✱***

- ✓ *18 petites tartelettes*
- ✓ *300 g de tomates*
- ✓ *2 tranches de pain*
- ✓ *1 gousse d'ail*
- ✓ *1 jaune d'œuf*
- ✓ *6 cuillerées d'huile d'olive vierge*
- ✓ *2 cuillerées de vinaigre de Xérès*
- ✓ *30 g de jambon de montagne*
- ✓ *1 œuf dur*
- ✓ *Sel*

Pelez les tomates et mettez-les dans le verre du mixer avec l'ail pelé et coupé, le pain trempé dans l'eau et essoré et le jaune d'œuf. Ajoutez le vinaigre, le sel et battez pour obtenir une crème homogène. Ajoutez l'huile peu à peu tout en battant pour provoquer une émulsion (si le résultat est trop épais, ajoutez un peu d'eau).
Rectifiez l'assaisonnement et remplissez les tartelettes. Décorez avec le jambon et l'œuf dur haché. Servez aussitôt pour éviter que les tartelettes ramollissent.

Boisson recommandée : Bière.

Champiñones rellenos
(Champignons farcis)

Ingrédients pour 8 personnes : **Difficulté : ✱✱**

- ✓ *400 g de champignons*
- ✓ *100 g de jambon de montagne*
- ✓ *Persil*
- ✓ *½ citron*
- ✓ *3 cuillerées d'huile d'olive*
- ✓ *Poivre moulu et sel*

Coupez les queues des champignons et laissez uniquement les têtes. Grattez-les sous le robinet et séchez-les soigneusement. Arrosez-les ensuite avec le jus de citron pour leur éviter de noircir et réservez. Mettez l'huile dans une grande poêle et lorsqu'elle est chaude, disposez les champignons, salés et poivrés, le chapeau vers le haut. Laissez cuire 5 minutes.
Hachez finement le jambon et le persil. Au bout de cinq minutes, retournez les champignons et farcissez-les avec le jambon et le persil. Couvrez la poêle et laissez cuire sur feu vif jusqu'à ce que les champignons soient dorés et que le jambon ait donné un peu de sa graisse. Servez chaud.

Boisson recommandée : Vin rouge d'élevage A.O.C. Ribera del Duero.

Cazuelitas de pimientos de Padrón
(Cassolettes de piments de Padrón)

Ingrédients pour 8 personnes :

Difficulté : ✷

- ✓ *400 g de piments de Padrón*
- ✓ *150 g de tomates*
- ✓ *1 petit oignon*
- ✓ *6 cuillerées d'huile d'olive*
- ✓ *Sel*

Lavez les piments et séchez-les soigneusement. Faites chauffer l'huile dans une poêle et faites frire les piments à feu doux en les retournant de temps en temps jusqu'à ce qu'ils soient légèrement dorés. Retirez-les de la poêle en égouttant bien l'huile et salez.
Pelez les tomates et hachez-les. Pelez l'oignon et hachez-le finement. Assaisonnez la tomate et l'oignon avec l'huile de friture des piments. Salez. Servez les piments chauds avec cette salade.

Boisson recommandée : Vin rouge jeune A.O.C. Bierzo.

Emparedados de berenjenas
(Sandwich d'aubergines)

Ingrédients pour 4 personnes : **Difficulté : ✱✱✱**

- ✓ *2 aubergines moyennes*
- ✓ *100 g de soubressade*
- ✓ *1 œuf*
- ✓ *2 cuillerées de farine*
- ✓ *½ tasse d'huile d'olive pour la friture*
- ✓ *Sel*

Lavez les aubergines et coupez-les en fines tranches. Placez-les dans un bol avec de l'eau salée durant 10 à 15 minutes. Séchez-les soigneusement avec du papier absorbant. Tartinez chaque tranche avec une fine couche de soubressade et collez-les de deux en deux en formant un sandwich. Pressez bien les bords afin de ne pas laisser sortir la soubressade. Passez les sandwichs ainsi formés dans la farine et l'œuf battu. Faites frire dans de l'huile abondante. Égouttez sur du papier absorbant et servez chaud.

Boisson recommandée : Vin blanc jeune A.O.C. Pla de Bages.

Papas arrugadas
(Pomme de terre froissées)

Ingrédients pour 6 personnes : ***Difficulté :*** ✱✱

- ✓ ½ kg de petites pommes de terre
- ✓ 300 g de gros sel
- ✓ 1 cuillerée de paprika piquant
- ✓ ½ piment de Cayenne
- ✓ 2 gousses d'ail
- ✓ ½ cuillerée de cumin en grain
- ✓ 2 cuillerées de vinaigre de vin
- ✓ 2 cuillerées d'huile d'olive

Pour cuire les pommes de terre : Faites cuire les pommes de terre recouvertes d'eau dans une casserole avec le sel. Réservez une cuillerée de sel pour le « mojo » (sauce). Lorsque les pommes de terre sont cuites, retirez l'eau et laissez-les à feu très doux, couvertes. Posez un torchon sur le couvercle et laissez-les complètement sécher.
Pour faire le « mojo » : Pelez les ails et pilez-les dans le mortier avec le cumin, la cuillerée de sel réservée, le piment de Cayenne et le paprika piquant. Lorsque la pâte est faite, ajoutez l'huile, le vinaigre et un filet d'eau pour la diluer un peu (Si vous voulez une sauce plus rouge, ajoutez une cuillerée de sauce tomate).

Boisson recommandée : Vin rosé A.O.C. Tacoronte-Acentejo.

Patatas Alioli

(Pommes de terre à l'ailloli)

Ingrédients pour 4 personnes : ***Difficulté :*** ✱✱

- ✓ *400 g de pommes de terre*
- ✓ *2 gousses d'ail*
- ✓ *1 tasse d'huile d'olive*
- ✓ *Persil haché*
- ✓ *Sel*

Pelez les pommes de terre. Lavez-les et mettez-les dans une casserole. Recouvrez-les d'eau salée. Faites-les cuire jusqu'à ce qu'elles soient tendres (entre 15 et 30 minutes suivant la grosseur). Égouttez-les et laissez-les refroidir.
Pendant ce temps, pelez les ails. Pilez-les au mortier avec le sel. Lorsque vous avez obtenu une pâte, ajoutez l'huile en filet, peu à peu, en touillant sans arrêt pour faire l'ailloli.
Coupez les pommes de terre en morceaux. Mettez-les dans un plat de service et recouvrez-les d'ailloli. Saupoudrez de persil haché.

Boisson recommandée : Bière.

Patatas al Cabrales
(Pommes de terre au Cabrales)

Ingrédients pour 4 personnes : ***Difficulté :*** ✷

✓ *4 pommes de terre moyennes* ✓ *200 g de fromage de Cabrales* ✓ *1 tasse de crème fraîche liquide*

Lavez les pommes de terre et faites-les cuire dans de l'eau salée.
Mettez le formage émietté dans une casserole avec la crème fraîche. Faites cuire en remuant avec une cuillère en bois jusqu'à ce que le fromage fonde.
Hors du feu, battez énergiquement. Laissez reposer pour que la sauce épaississe légèrement. Coupez les pommes de terre en deux et mettez-les dans un plat de service. Recouvrez-les avec la crème. Servez froid ou chaud, suivant l'envie.

Boisson recommandée : Vin rouge d'élevage A.O.C. Bierzo.

Patatas bravas
(Pommes de terre piquantes)

Ingrédients pour 8 personnes : ***Difficulté :*** ✱✱

- ✓ *1 kg de pommes de terre*
- ✓ *1 cuillerée de farine*
- ✓ *¼ tasse de vinaigre*
- ✓ *½ kg de tomates mûres*
- ✓ *½ cuillerée de paprika piquant*
- ✓ *Huile d'olive*
- ✓ *Sel*

Pelez les pommes de terre. Coupez-les en morceaux, lavez-les et séchez-les. Faites chauffer l'huile en abondance dans une poêle et faites dorer les pommes de terre. Retirez-les de la poêle et égouttez-les. Réservez au chaud.
Pelez et coupez les tomates. Faites-les revenir dans un peu d'huile. Ajoutez le vinaigre, la farine et le paprika piquant. Salez, mélangez bien et versez la sauce sur les pommes de terre.

Boisson recommandée : Vin rouge d'élevage A.O.C. Valdepeñas.

PATATITAS RELLENAS
(PETITES POMMES DE TERRE FARCIES)

Ingrédients pour 6 personnes : ***Difficulté :*** ✱✱✱

- ✓ *12 petites pommes de terre nouvelles*
- ✓ *250 g de viande de mouton hachée*
- ✓ *1 cuillerée de chapelure*
- ✓ *1 gousse d'ail*
- ✓ *1 cuillerée de persil haché*
- ✓ *1 cuillerée de vin blanc*
- ✓ *2 œufs*
- ✓ *2 cuillerées de farine*
- ✓ *¾ tasse d'huile d'olive*
- ✓ *1 petit oignon*
- ✓ *Safran*
- ✓ *Poivre moulu*
- ✓ *1 tasse de bouillon*
- ✓ *Sel*

Pelez et lavez les pommes de terre et videz-les soigneusement avec une petite cuillère en laissant un trou pour la farce. Battez un œuf dans un bol, salez et ajoutez la viande, la chapelure, l'ail et le persil hachés. Mélangez et remplissez les pommes de terre avec la préparation. Roulez-les dans la farine et l'autre œuf battu. Faites chauffer l'huile dans une poêle et faites revenir les pommes de terre jusqu'à ce qu'elles soient légèrement dorées.

Mettez trois cuillerées d'huile d'olive dans une casserole en terre et faites revenir l'oignon haché. Lorsqu'il est transparent, ajoutez les pommes de terre, le vin, le bouillon, le safran, le sel et le poivre. Couvrez et laissez cuire à feu doux jusqu'à ce que les pommes de terre soient cuites, entre 20-30 minutes. Servez chaud.

Boisson recommandée : Vin rouge d'élevage A.O.C. Priorat.

ROLLITOS DE PIMIENTO
(ROULEAUX DE POIVRON)

Ingrédients pour 6 personnes : **Difficulté : ✱✱**

- ✓ *3 gros poivrons rouges en conserve*
- ✓ *100 g de thon à l'huile*
- ✓ *1 tasse de mayonnaise*
- ✓ *1 cornichon*
- ✓ *1 tranche de mie de pain*
- ✓ *1 cuillerée de vin blanc*
- ✓ *¼ de laitue hachée*
- ✓ *50 g d'olives vertes*
- ✓ *Sel*

Égouttez les poivrons et coupez-les en 4 morceaux chacun.
Dans le bol du mixer, mélangez le thon, le cornichon très haché, le pain, le vin. Salez.
Posez les morceaux de poivron sur une surface lisse et déposez au centre de chacun d'entre eux une cuillerée de pâte de thon. Formez des rouleaux et déposez-les dans un plat de service ou dans des soucoupes individuelles. Décorez le centre avec la laitue et les olives.

Boisson recommandée : Vin rouge jeune A.O.C. Ribera del Guadiana.

Pimientos rellenos de morcilla
(Poivrons farcis de boudin)

Ingrédients pour 4 personnes : **Difficulté : ✱✱✱**

- ✓ *8 poivrons du piquillo en conserve*
- ✓ *200 g de boudin à l'oignon*
- ✓ *1 oignon*
- ✓ *2 cuillerées de farine*
- ✓ *1 tasse de lait*
- ✓ *4 cuillerées d'huile d'olive*
- ✓ *1 cuillerée de beurre*
- ✓ *2 cuillerées de sauce tomate*
- ✓ *1 cuillerée de persil haché*
- ✓ *Poivre moulu*
- ✓ *Sel*

Égouttez les poivrons et réservez le jus de conservation. Hachez finement l'oignon et émiettez la viande du boudin. Faites chauffer le beurre avec une cuillerée d'huile et faites revenir 1/3 de l'oignon jusqu'à ce qu'il soit transparent. Ajoutez alors la farine et mélangez bien. Versez le lait tout en touillant et laissez cuire quelques minutes. Ajoutez le boudin émietté, salez et mélangez intimement. Laissez refroidir dans une assiette. Farcissez les poivrons avec la béchamel au boudin et placez-les dans un plat de four. Chauffez le reste de l'huile et faites revenir l'oignon restant jusqu'à ce qu'il soit doré. Ajoutez 2 cuillerées du jus de conservation des poivrons, la sauce tomate, le sel et le poivre. Nappez les poivrons et mettez au four 15-20 minutes à 130°. Saupoudrez de persil haché et tout autre garniture.
Boisson recommandée : Vin rouge d'élevage A.O.C. Rioja.

Ensaladilla rusa
(Macédoine de légumes)

Ingrédients pour 4 personnes : **Difficulté : ✱✱**

- ✓ 500 g de pommes de terre
- ✓ 50 g de petits pois
- ✓ 50 g de haricots verts
- ✓ 50 g de carottes
- ✓ 100 g de thon à l'huile
- ✓ 1 poivron en conserve
- ✓ 1 œuf dur
- ✓ 2 cuillerées d'huile d'olive
- ✓ ½ cuillerée de vinaigre ou de jus de citron
- ✓ 1 tasse de mayonnaise
- ✓ Sel

Pelez, lavez et coupez les pommes de terre en petits dés. Faites les cuire dans de l'eau salée. Répétez l'opération avec les autres légumes. Égouttez bien le tout.
Mettez les pommes de terre dans un grand bol, ajoutez les carottes, les petits pois, les haricots verts et le thon à l'huile. Mélangez. Arrosez avec l'huile d'olive et le vinaigre ou le jus de citron. Ajoutez la mayonnaise et rectifiez l'assaisonnement. Mélangez bien le tout.
Mettez la macédoine dans un plat de service. Décorez avec le poivron rouge en lanières et l'œuf dur en tranche. Conservez au réfrigérateur jusqu'au moment de servir.

Boisson recommandée : Vin Fino A.O.C. Moriles.

Tomatitos rellenos
(Tomates cerise farcies)

Ingrédients pour 6 personnes : ***Difficulté :*** ✷

- ✓ *12 tomates cerise pas trop petites*
- ✓ *1 œuf*
- ✓ *¼ tasse de crème fraîche*
- ✓ *2 cuillerées de fromage râpé*
- ✓ *1 cuillerée de chapelure*
- ✓ *Poivre moulu*
- ✓ *Noix muscade*
- ✓ *Sel*

Lavez les tomates, séchez-les et ôtez la partie supérieure. Videz-les délicatement pour ne pas les déchirer et mettez-les à dégorger dans une assiette. Battez l'œuf dans une jatte, salez, poivrez et ajoutez la noix muscade, le fromage râpé, la chapelure et la crème fraîche. Mélangez bien et laissez reposer quelques minutes afin que la chapelure s'imbibe. Farcissez les tomates et disposez-les dans un plat de four. Passez 8-10 minutes au four à 200° ou jusqu'à ce que la farce prenne. Servez à la sortie du four.

Boisson recommandée : Vin blanc d'élevage A.O.C. Bullas.

Pisto manchego
(Piperade de la Mancha)

Ingrédients pour 10 personnes : ***Difficulté :*** ✱✱✱

- ✓ *500 g de tomates*
- ✓ *500 g de courgettes*
- ✓ *1 gros oignon*
- ✓ *1 poivron rouge*
- ✓ *2 poivrons verts*
- ✓ *6 cuillerées d'huile d'olive*
- ✓ *Sel*

Pelez et hachez les tomates, lavez les poivrons, ôtez les graines et hachez-les. Lavez et hachez la courgette.
Chauffez l'huile dans une grande poêle ou dans une casserole et faites revenir l'oignon haché.
Lorsque l'oignon est transparent, ajoutez les poivrons. Remuez et ajoutez les courgettes. Mélangez et laissez revenir à feu doux durant 6 ou 7 minutes. Lorsque les légumes sont bien revenus, ajoutez la tomate. Laissez cuire à feu doux 30 minutes en remuant de temps en temps pour ne pas que laisser accrocher. Assaisonnez et servez chaud dans des écuelles individuelles ou sur des toasts.

Boisson recommandée : Vin blanc d'élevage A.O.C. Rueda.

SETAS RELLENAS
(CHAMPIGNONS FARCIS)

Ingrédients pour 6 personnes : **Difficulté :** ✱✱

- ✓ *12 lactaires délicieux*
- ✓ *1 gros oignon*
- ✓ *2 tranches de pain*
- ✓ *1 citron*
- ✓ *2 cuillerées de fromage râpé*
- ✓ *1 cuillerée de persil haché*
- ✓ *Poivre moulu*
- ✓ *5 cuillerées d'huile d'olive*
- ✓ *Sel*

Nettoyez les champignons de toute trace de terre. Coupez les queues et hachez-les. Pelez et hachez l'oignon. Prenez le zeste du citron et pressez-le.
Faites réchauffer 3 cuillerées d'huile dans une poêle et faites revenir l'oignon et les queues des champignons. Salez et poivrez et laissez cuire jusqu'à ce qu'ils soient tendre et aient rendu l'eau de cuisson. Retirez la poêle du feu, émiettez le pain et ajoutez avec 3 cuillerées de jus de citron, 1 cuillerée de zeste, le fromage râpé et le persil haché. Mélangez. Huilez les chapeaux des champignons et farcissez-les avec le mélange préparé. Disposez-les dans un plat de four et mettez-les au four préchauffé. Laissez cuire 15 à 20 minutes au four à 200°.

Boisson recommandée : Vin rouge d'élevage A.O.C. Priorat.

Berenjenas con miel
(Aubergines au miel)

Ingrédients pour 6 personnes : | ***Difficulté :*** ✱✱

- ✓ *1 aubergine*
- ✓ *½ tasse de farine*
- ✓ *4 cuillerées à café de miel de canne*
- ✓ *2 tasses de limonade ou de soda*
- ✓ *1 tasse d'huile d'olive*
- ✓ *Sel*

Pelez l'aubergine et coupez-la en tranches épaisses et ensuite en bâtonnets. Mettez les bâtonnets d'aubergine dans une jatte et recouvrez-les de sel. Ajoutez la limonade ou le soda et laissez reposer durant 30-40 minutes.
Égouttez dans une passoire. Roulez les bâtonnets dans la farine et faites-les frire dans de l'huile abondante jusqu'à ce qu'ils soient légèrement dorés. Égouttez sur du papier absorbant. Servez les bâtonnets d'aubergine chauds, arrosés de miel.

Boisson recommandée : Vin Fino A.O.C. Moriles.

FRITURAS DE COLIFLOR
(FRITURE DE CHOU-FLEUR)

Ingrédients pour 8 personnes : **Difficulté : ****

- ✓ 750 g de chou-fleur
- ✓ 2 œufs
- ✓ 2 cuillerées de maïzena
- ✓ 1 tasse de sauce tomate
- ✓ 3 cuillerées de lait
- ✓ 50 g de beurre
- ✓ 1 cuillerée de chapelure
- ✓ 1 cuillerée de fromage râpé
- ✓ Poivre noir moulu
- ✓ Huile d'olive
- ✓ Sel

Séparez le chou-fleur en petits bouquets, lavez-le et faites-le cuire dans une grande casserole d'eau bouillante salée jusqu'à ce qu'il soit « al dente ». Égouttez soigneusement.
Battez les œufs dans une assiette creuse. Ajoutez la maïzena dissoute dans le lait, le sel, le poivre. Mélangez. (La crème obtenue doit être un peu épaisse). Faites chauffer de l'huile dans une poêle. Plongez les bouquets de chou-fleur dans la pâte et faites-les frire dans l'huile chaude. Égouttez soigneusement et placez-les dans un plat de service. Dans une casserole, versez la sauce tomate, le fromage, le beurre et la chapelure. Laissez cuire quelques minutes en remuant avec une cuillère en bois. Servez à part en saucière pour accompagner le chou-fleur.

Boisson recommandée : Vin blanc jeune A.O.C. La Mancha.

TORTITAS DE VERDURAS
(TARTELETTES DE LÉGUMES)

Ingrédients pour 6 personnes : **Difficulté : ✱✱✱**

- ✓ *300 g de courgettes*
- ✓ *1 petit oignon*
- ✓ *300 g de carottes*
- ✓ *150 g de chou*
- ✓ *6 cuillerées de farine*
- ✓ *2 œufs*
- ✓ *Poivre moulu*
- ✓ *Huile d'olive pour la friture*
- ✓ *Sel*

Lavez tous les légumes et coupez-les en fine julienne. Mélangez la farine et les œufs, salez et poivrez.
Ajoutez les légumes au mélange d'œuf et farine et mélangez bien afin d'intégrer tous les ingrédients.
Faites chauffer l'huile dans une poêle et versez des cuillerées du mélange. Aplatissez-les un peu et faites frire à feu modéré. Retournez les tartelettes jusqu'à ce qu'elles soient craquantes et dorées des deux côtés, 3 à 4 minutes suffissent. Égouttez sur du papier absorbant et servez.

Boisson recommandée : Vin rosé A.O.C. Navarra.

POISSONS ET FRUITS DE MER

Almejas a la española
(Palourdes à l'espagnole)

Ingrédients pour 4 personnes : **Difficulté : ✷✷**

- ✓ 750 g de palourdes
- ✓ ½ petit oignon
- ✓ 2 gousses d'ail
- ✓ 1 ½ cuillerées de farine
- ✓ ¼ tasse de vin blanc
- ✓ ½ cuillerée de paprika doux
- ✓ Persil
- ✓ 3 cuillerées d'huile d'olive
- ✓ ¼ tasse d'eau
- ✓ Sel

Lavez les palourdes, égouttez-les et réservez-les. Pelez et hachez l'oignon et les ails. Faites chauffer l'huile dans une casserole et faites revenir l'oignon et les ails jusqu'à ce qu'ils soient transparents. Ajoutez le persil haché, remuez et ajoutez le piment doux et la farine. Remuez avec une cuillère en bois et arrosez avec le vin blanc. Incorporez les palourdes et l'eau. Couvrez et laissez sur le feu jusqu'à ce que les palourdes soient ouvertes. Ajoutez du sel si nécessaire et servez aussitôt.

Boisson recommandée : Vin blanc jeune A.O.C. Penedés.

Almejas rellenas
(Palourdes farcies)

Ingrédients pour 4 personnes : **Difficulté : ✱✱**

- ✓ 750 g de palourdes
- ✓ 50 g de jambon de montagne
- ✓ 1 petit oignon
- ✓ 1 cuillerée de persil haché
- ✓ 2 cuillerées d'huile d'olive
- ✓ 1 cuillerée de farine
- ✓ 1 cuillerée de chapelure
- ✓ 1 jaune d'œuf
- ✓ Poivre moulu et sel

Faites tremper les palourdes dans de l'eau froide durant une heure. Faites-les ensuite ouvrir dans une casserole avec quelques cuillerées d'eau. Tamisez le jus et réservez-le. Otez les palourdes de leurs coquilles et hachez-les. Faites chauffer l'huile dans une poêle et faites revenir l'oignon haché, à feu doux, jusqu'à ce qu'il soit transparent. Ajoutez alors le jambon haché, la farine et faites revenir quelques minutes tout en remuant. Incorporez les palourdes hachées, le jus de cuisson et le persil. Remuez, salez, poivrez et laissez cuire pour obtenir une crème épaisse. Hors du feu, ajoutez le jaune d'œuf et remuez. Farcissez les coquilles avec ce mélange.
Placez les coquilles sur une plaque de four, saupoudrez de chapelure et faites gratiner. Servez dès la sortie du four.
Boisson recommandée : Vin blanc jeune A.O.C. Jerez.

Barquitas de endibias con salmón
(Barquettes d'endives au saumon)

Ingrédients pour 8 personnes : **Difficulté : ✷**

- ✓ *4 endives*
- ✓ *200 g de saumon fumé*
- ✓ *50 g de crevettes cuites et pelées*
- ✓ *1 tasse de mayonnaise*
- ✓ *1 petit oignon*
- ✓ *1 cuillerée de moutarde*
- ✓ *2 cuillerées de jus de citron*

Otez les feuilles extérieures des endives. Lavez-les, séchez-les et réservez-les.
Mélangez dans un bol la mayonnaise, la moutarde et le jus de citron.
Hachez l'oignon et la partie intérieure des endives. Mélangez aux crevettes, la moitié du saumon haché et le mélange de moutarde et mayonnaise.
Remplissez les feuilles d'endive réservées avec la préparation et décorez avec le saumon fumé restant. Mettez au réfrigérateur quelques minutes afin de servir bien frais.

Boisson recommandé : Vin blanc d'élevage A.O.C. Penedés.

Chipirones en su tinta
(Petits calmars dans leur encre)

Ingrédients pour 8 personnes : **Difficulté : ✱✱✱**

- ✓ *16 petits calmars*
- ✓ *1 gros oignon*
- ✓ *2 gousses d'ail*
- ✓ *1 poivron vert*
- ✓ *2 tomates*
- ✓ *1 tasse de fumet de poisson*
- ✓ *3 cuillerées d'huile d'olive*
- ✓ *Sel*

Nettoyez les calmars, retirez les tentacules et conservez la poche d'encre.
Faites chauffer l'huile dans une poêle et faites revenir la moitié de l'oignon et 1 gousse d'ail finement hachés. Lorsqu'ils commencent à dorer, ajoutez les tentacules des calmars et remuez avec une cuillère en bois. Enlevez le trop plein d'huile, salez et remplissez les encornets avec ce mélange. Fermez-les avec un cure-dent afin que la farce ne s'échappe pas. Dorez l'autre ail dans l'huile de la cuisson précédente et faites sauter les calmars à feu vif. Réservez.
Faites revenir l'oignon restant dans une casserole, avec le poivron et les tomates hachés, durant 20 minutes à feu doux. Ajoutez le fumet et l'encre des calmars. Mélangez. Ajoutez ensuite les calmars et laissez cuire jusqu'à ce que la sauce épaississe. Accompagnez de pain grillé.

Boisson recommandée : Vin rouge d'élevage A.O.C. Madrid.

Boquerones con picadillo
(Anchois au hachis de légumes)

Ingrédients pour 8 personnes : **Difficulté : ✱✱**

- ✓ *500 g de petits anchois*
- ✓ *1 poivron*
- ✓ *1 oignon moyen*
- ✓ *2 tomates*
- ✓ *100 g de farine*
- ✓ *1 cuillerée de vinaigre de Xérès*
- ✓ *2 cuillerées d'huile d'olive vierge*
- ✓ *Huile d'olive pour la friture*
- ✓ *Sel*

Lavez le poivron et les tomates. Pelez l'oignon. Mettez les légumes dans le plat du four, arrosez avec un filet d'huile et grillez-les. Pelez le poivron et les tomates. Hachez le tout et assaisonnez avec l'huile, le vinaigre et le sel. Mélangez bien et réservez.
Lavez les petits anchois. Séchez-les soigneusement. Salez-les légèrement. Roulez-les dans la farine et faites-les frire dans l'huile très chaude. Égouttez sur du papier absorbant et servez chaud avec les légumes hachés.

Boisson recommandée : Vin Fino A.O.C. Jerez.

Boquerones en vinagre
(Anchois au vinaigre)

Ingrédients pour 12 personnes : ***Difficulté :*** ✱✱

- ✓ *1 kg d'anchois*
- ✓ *1 tasse de vinaigre de vin*
- ✓ *2 gousses d'ail*
- ✓ *1 petit bouquet de persil*
- ✓ *½ tasse d'huile d'olive vierge*
- ✓ *2 cuillerées de gros sel*
- ✓ *2 tasses d'eau*

Otez la tête des anchois et videz-les. Retirez l'arête centrale en laissant les deux filets entiers. Lavez à grande eau. Congelez-les durant 24 heures et faites-les décongeler ensuite.
Disposez-les dans un grand plat en formant des couches et recouvrez-les d'une saumure faite avec le sel et les deux tasses d'eau. Laissez reposer au frais durant 3 heures.
Égouttez-les et mettez-les dans un récipient avec la peau vers le haut. Recouvrez-les de vinaigre et d'une ½ tasse d'eau. Laissez reposer entre 3 et 4 heures jusqu'à ce qu'ils blanchissent. Égouttez alors le vinaigre, disposez-les dans un plat de service et arrosez-les avec l'huile. Saupoudrez avec les ails et le persil finement hachés. Servez avec des olives.

Boisson recommandée : Bière.

BOQUERONES AL AJILLO
(ANCHOIS À L'AIL)

Ingrédients pour 8 personnes : ***Difficulté :*** ✱✱

- ✓ *500 g d'anchois*
- ✓ *4 gousses d'ail*
- ✓ *8 cuillerées d'huile d'olive*
- ✓ *½ tasse de vin blanc*
- ✓ *3 cuillerées de vinaigre*
- ✓ *1 petit bouquet de persil*
- ✓ *Piment de Cayenne*
- ✓ *Sel*

Otez la tête des anchois et videz-les. Levez les deux filets en ôtant délicatement l'arête centrale. Lavez-les soigneusement sous el robinet et laissez-les tremper 10 minutes. Égouttez-les et laissez-les reposer sur du papier absorbant. Pelez les gousses d'ail et coupez-les en filets. Faites chauffer l'huile dans une poêle et lorsque l'huile commence à fumer, jetez-y les ails et le piment de Cayenne. Faites dorer les ails. Retirez le piment de Cayenne et réservez. Mettez les anchois dans la poêle et laissez-les cuire deux minutes. Arrosez avec le vin et le vinaigre et faites faire à la poêle des mouvements de va-et-vient durant deux minutes, sur feu très doux afin que les anchois cuisent uniformément. Salez.

Augmentez le feu et laissez cuire jusqu'à ce que le liquide s'évapore un peu, quelques minutes seulement. Retirez la poêle du feu et saupoudrez les anchois avec le persil haché.

Boisson recommandée : Vin blanc jeune A.O.C. Albariño.

Boquerones con sorpresa
(Anchois avec surprise)

Ingrédients pour 8 personnes : ***Difficulté : ✱✱✱***

- ✓ *500 g d'anchois*
- ✓ *3 poivrons rouge grillés et pelés*
- ✓ *1 œuf*
- ✓ *2 cuillerées de farine*
- ✓ *Huile d'olive*
- ✓ *Sel*

Nettoyez les anchois. Otez-leur la tête et lavez-les sous le robinet. Séchez-les et ouvrez-les en deux pour retirer l'arête centrale. Salez-les légèrement. Coupez les poivrons en fines lanières. Placez une lanière de poivron dans l'anchois à la place de l'arête. Refermez l'anchois. Roulez les anchois dans la farine et dans l'œuf battu.
Faites chauffer de l'huile pour la friture dans une poêle et faites frire les anchois jusqu'à ce qu'ils soient dorés. Retirez-les alors de la poêle et déposez-les sur du papier absorbant. Servez aussitôt.

Boisson recommandée : Vin rouge jeune A.O.C. Jumilla.

Brandada de bacalao

(Brandade de morue)

Ingrédients pour 8 personnes : **Difficulté : ✱✱**

- ✓ *200 g de morue séchée*
- ✓ *750 g de pommes de terre*
- ✓ *10 cuillerées d'huile d'olive*
- ✓ *2 gousses d'ail*

Mettez la morue dans une casserole. Recouvrez-la d'eau froide et laissez-la tremper entre 24 et 36 heures suivant la grosseur du morceau. Changez l'eau trois fois. Faites cuire les pommes de terre pelées durant une vingtaine de minutes. Lorsqu'elles sont tendres, ajoutez la morue et laissez cuire 2 ou 3 minutes, jusqu'à ce que les morceaux de morue se détachent. Égouttez et réservez un peu de jus de cuisson.
Pilez au mortier les ails. Ajoutez les pommes de terre une à une tout en pilant et en remuant sans arrêt. Emiettez la morue et ajoutez-la peu à peu aux pommes de terre. Remuez sans arrêt et ajoutez l'huile en filet. Si la brandade est trop épaisse on peut toujours y ajouter un peu du jus de cuisson réservé. Il faut obtenir une sorte de purée consistante. Servez avec des toasts.

Boisson recommandée : Vin rouge d'élevage A.O.C. Costers del Segre.

Buñuelos de bacalao

(Beignets de morue)

Ingrédients pour 4 personnes : ***Difficulté : *****

- ✓ *150 g de miettes de morue*
- ✓ *1 tasse de bière*
- ✓ *1 petit oignon*
- ✓ *2 cuillerées de persil haché*
- ✓ *150 g de farine*
- ✓ *¼ tasse d'huile pour friture*
- ✓ *Sel*

Mettez les miettes de morue dans une jatte. Recouvrez-les d'eau froide et laissez-les tremper durant 15 à 20 minutes. Sortez-les ensuite de l'eau et égouttez-les soigneusement. Versez la bière dans un bol. Ajoutez peu à peu la farine et le sel et battez bien avec le fouet. Lorsque la pâte sera homogène, ajoutez l'oignon finement haché et le persil. Mélangez et ajoutez les miettes de morue égouttées. Mélangez.
Faites chauffer l'huile dans une friteuse. Lorsque l'huile est chaude, à l'aide d'une cuillère prenez des portions de pâte et jetez-les dans la friteuse. Laissez dorer. Égouttez sur papier absorbant et servez avec des rondelles de citron.

Boissons recommandée : Vin rouge d'élevage A.O.C. Valdepeñas.

Calamares a la romana
(Calmars à la romaine)

Ingrédients pour 6 personnes : **Difficulté : ✱✱**

- ✓ 500 g de calmars
- ✓ 1 citron
- ✓ 1 œuf
- ✓ ½ tasse de lait
- ✓ 6 cuillerées de farine
- ✓ ½ cuillerée de levure en poudre
- ✓ ½ tasse d'huile d'olive pour friture
- ✓ Sel

Nettoyer soigneusement les calmars. Passez-les sous l'eau. Retirez les têtes et les tentacules et coupez-les en rondelles. Séchez avec du papier absorbant. Mettez la farine et la levure dans un bol. Ajoutez le sel et l'œuf battu. Touillez tout en versant le lait peu à peu pour obtenir un mélange homogène et épais.

Faites chauffer l'huile dans une friteuse. Lorsqu'elle commence à fumer, passez les rondelles de calmar dans la pâte à beignets et jetez-les dans l'huile bouillante. Laissez dorer de tous les côtés. Retirez-les de la friteuse et égouttez-les sur papier absorbant. Servez les calmars chauds avec un citron coupé en quartiers.

Boisson recommandée : Bière.

CANGREJOS EN SALSA
(ECREVISSES EN SAUCE)

Ingrédients pour 6 personnes : **Difficulté : ✱✱✱**

- ✓ *1 kg d'écrevisses*
- ✓ *1 gros oignon*
- ✓ *50 g de jambon de montagne*
- ✓ *1 piment de Cayenne*
- ✓ *1 tasse de vin blanc sec*
- ✓ *7 cuillerées d'huile d'olive*
- ✓ *500 g de purée de tomate*
- ✓ *1 cuillerée de persil haché*
- ✓ *Sel*

Châtrez les écrevisses : prendre le centre de la queue et tirez afin de faire sortir la partie amère. Lavez-les soigneusement et égouttez-les. Faites chauffer la moitié de l'huile et faites frire la purée de tomates jusqu'à ce qu'elle épaississe. Faites ensuite chauffer l'autre partie de l'huile dans une friteuse et faites sauter les écrevisses jusqu'à ce qu'ils changent de couleur. Retirez-les de la friteuse, égouttez-les et disposez-les dans une casserole.

Pelez l'oignon et hachez-le très finement. Faites-le revenir dans l'huile des écrevisses jusqu'à ce qu'il soit transparent. Ajoutez le jambon haché et le piment de Cayenne. Laissez cuire quelques minutes et ajoutez le vin, la tomate, les écrevisses. Salez. Couvrez la casserole et laissez cuire à feu doux 5 minutes. Servez saupoudré de persil haché.

Boisson recommandée : Vin rouge d'élevage A.O.C. Rioja.

Rollitos de salmón y queso
(Rouleaux de saumon au fromage)

Ingrédients pour 8 personnes : **Difficulté : ✷**

- ✓ 250 g de saumon fumé
- ✓ 250 g de fromage crémeux
- ✓ 1 cuillerée de jus de citron
- ✓ 1 petit oignon
- ✓ 1 bouquet de ciboulette
- ✓ 3 cuillerées d'huile d'olive vierge extra
- ✓ 1 cuillerée de moutarde
- ✓ Poivre moulu et sel

Découpez le saumon fumé en rectangles. Peler l'oignon et hachez-le finement. Mettez le fromage dans un bol et ajoutez l'oignon, la ciboulette, la moutarde, 1 cuillerée d'huile, sel et poivre. Mélangez le tout et laissez reposer au réfrigérateur durant 1 heure.
Etalez les rectangles de saumon sur la table de travail. Déposez une cuillerée du mélange de fromage sur le saumon. Roulez le saumon et disposez-le dans un plat de service. Arrosez avec l'huile au moment de servir.

Boisson recommandée : Vin blanc d'élevage A.O.C. Bullas.

CROQUETAS DE GAMBAS
(CROQUETTES DE GAMBAS)

Ingrédients pour 8 personnes : **Difficulté : ✱✱✱**

- ✓ *500 g de gambas*
- ✓ *2 œufs durs*
- ✓ *2 cuillerées de beurre*
- ✓ *150 g de farine*
- ✓ *¾ litre de lait*
- ✓ *2 œufs*
- ✓ *50 g de chapelure*
- ✓ *Huile d'olive*
- ✓ *Sel*

Pelez les gambas et faites frire les carapaces et les têtes dans deux cuillerées d'huile. Égouttez-les et ajoutez le beurre. Lorsque le beurre a fondu, ajoutez la farine, mélangez et versez le lait peu à peu sans arrêter de remuer avec une cuillère en bois pour faire la béchamel.
Ajoutez les gambas pelées et hachées ainsi que les œufs durs. Laissez cuire quelques minutes. Salez et versez dans une jatte. Laissez refroidir.
Formez les croquettes, roulez-les dans l'œuf battu et la chapelure. Faites-les frire dans l'huile chaude. Égouttez-les sur du papier absorbant et servez.

Boisson recommandée : Vin blanc jeune A.O.C. Txacoli de Vizcaya.

Empanadillas de atún
(Chaussons au thon)

Ingrédients pour 4 personnes : ***Difficulté :*** ✱✱✱

- ✓ *250 g de farine*
- ✓ *¼ tasse de vin blanc*
- ✓ *1 pincée de bicarbonate*
- ✓ *200 g de thon à l'huile*
- ✓ *½ tasse de sauce tomate*
- ✓ *1 œuf dur*
- ✓ *Huile d'olive*
- ✓ *Sel*

Pour la pâte : Mettez la farine dans un bol. Faites un volcan et versez le vin à l'intérieur, ¼ tasse d'huile, le sel et le bicarbonate. Mélangez et travaillez la pâte pour former une masse. Laissez reposer 30 minutes.

Pour la farce : Emiettez le thon et mélangez-le à la tomate et l'œuf dur écalé et haché. Etirez la pâte au rouleau sur une surface farinée. Distribuez la farce. Découpez la pâte à l'emporte-pièce et fermez les ronds pour former des demi-lune. Pressez les bords avec les dents d'une fourchette. Faites chauffer l'huile dans la friteuse et faites frire les chaussons jusqu'à ce qu'ils soient dorés. Égouttez sur du papier absorbant et servez chaud.

Boisson recommandée : Vin rouge d'élevage A.O.C. La Mancha.

FRITURA A LA ANDALUZA
(FRITURE À L'ANDALOUSE)

Ingrédients pour 10 personnes : **Difficulté : ✱✱**

- ✓ 350 g d'anchois
- ✓ 350 g de calmars
- ✓ 350 g de tout petits calmars
- ✓ 400 g de rougets
- ✓ 3 cuillerées de farine pour friture
- ✓ ¼ tasse d'huile d'olive pour la friture et sel

Nettoyez les petits calmars, les rougets, les anchois et les calmars coupés en rondelles. Lavez-les et égouttez-les soigneusement. Salez légèrement et roulez-les dans la farine. Secouez pour enlever l'excès de farine.
Chauffez l'huile d'olive dans la friteuse et faites frire les poissons par étapes afin que l'huile ne refroidisse pas. Lorsqu'ils sont dorés, égouttez-les sur du papier absorbant et servez aussitôt.

Boisson recommandée : Vin Fino A.O.C. Jerez.

Gambas al ajillo
(Gambas à l'ail)

Ingrédients pour 4 personnes : **Difficulté : ✷**

- ✓ *250 g de gambas pelées*
- ✓ *3 cuillerées d'huile d'olive*
- ✓ *1 piment de Cayenne*
- ✓ *3 gousses d'ail*
- ✓ *Sel*

Pelez les ails, coupez-les en filets et mettez-les dans l'huile froide avec le piment de Cayenne dans des cassolettes de terre ou des récipients réfractaires.
Posez ensuite les cassolettes sur le feu et lorsque les ails seront dorés, ajoutez les gambas et le sel. Remuez un peu et couvrez. Retirez du feu et laissez finir la cuisson dans l'huile chaude. Servez bien chaud.

Boisson recommandée : Vin rouge jeune A.O.C. Rioja.

LANGOSTINOS CON GUACAMOLE
(CREVETTES BOUQUET AU GUACAMOLE)

Ingrédients pour 4 personnes : **Difficulté :** ✷

- ✓ *1 avocat*
- ✓ *200 g de crevettes*
- ✓ *½ petit oignon*
- ✓ *1 petite tomate*
- ✓ *2 cuillerées de coriandre hachée*
- ✓ *½ citron*
- ✓ *2 cuillerées d'huile d'olive*
- ✓ *Quelques gouttes de sauce Tabasco*
- ✓ *Poivre moulu*
- ✓ *Sel*

Coupez l'avocat en deux dans le sens de la longueur. Retirez le noyau et écrasez la pulpe à la fourchette pour faire une purée. Ajoutez l'oignon finement haché, la tomate râpée, la coriandre hachée, le jus de citron, le sel, le poivre, 1 cuillerée d'huile et la sauce Tabasco. Travaillez pour bien mélanger.

Pelez les crevettes et faites-les sauter dans une poêle ou un gril avec l'huile restante bien chaude. Servez le guacamole dans des cuillères chinoises ou de petites tartelettes avec une crevette par-dessus.

Boisson recommandée : Bière.

Langostinos en gabardina
(Crevettes en beignet)

Ingrédients pour 4 personnes : **Difficulté : ✱✱**

- ✓ 500 g de crevettes
- ✓ 1 tasse de bière
- ✓ 40 g de farine
- ✓ ¼ de cuillerée de safran en poudre
- ✓ ¾ tasse d'huile d'olive
- ✓ Sel

Pelez les crevettes en laissant la carapace du bout de la queue. Versez la bière dans un bol et ajoutez le safran et le sel. Ajoutez peu à peu la farine pour obtenir une crème homogène et assez épaisse pour qu'elle puisse bien couvrir les queues de crevette.
Faites chauffer l'huile dans une friteuse et faites frire les crevettes après les avoir trempées dans la crème préparée auparavant. Faites-les frire par étapes jusqu'à ce qu'elles soient dorées. Égouttez sur du papier absorbant et servez bien chaud.

Boisson recommandée : Vin blanc jeune A.O.C. Penedés.

Mejillones con Alioli

(Moules à l'ailloli)

Ingrédients pour 8 personnes : ***Difficulté :*** ✷

- ✓ *1 ½ kg de moules*
- ✓ *1 tasse de mayonnaise*
- ✓ *1 gousse d'ail*
- ✓ *Persil haché*

Grattez les moules sous le robinet. Mettez-les dans une casserole, couvrez et laissez cuire jusqu'à ce que toutes les moules soient ouvertes. Séparez les moules de l'une des coquilles et disposez-les dans un plat de service.
Mélangez la mayonnaise à l'ail haché finement haché et au persil. Recouvrez les moules et servez.

Boisson recommandée : Vin mousseux Brut A.O.C. Cava.

MEJILLONES EN VINAGRETA
(MOULES À LA VINAIGRETTE)

Ingrédients pour 6 personnes : **Difficulté : ✷**

- ✓ *1 kg de moules*
- ✓ *1 poivron vert*
- ✓ *½ oignon*
- ✓ *4 cuillerées d'huile d'olive*
- ✓ *1 cuillerée de vinaigre de vin*
- ✓ *2 tomates et sel*

Grattez les moules sous le robinet afin de bien les nettoyer.
Mettez les moules dans une casserole avec une demie tasse d'eau. Couvrez et laissez sur le feu jusqu'à ce que les moules soient ouvertes.
Hachez finement les tomates, le poivron et l'oignon. Versez dans un bol et ajoutez l'huile, le vinaigre et le sel. Mélangez bien.
Ouvrez les moules et retirez une des coquilles. Placez les moules dans un plat de service. Arrosez avec la vinaigrette et servez.

Boisson recommandée : Bière.

MEJILLONES FRITOS
(MOULES FRITES)

Ingrédients pour 8 personnes : ***Difficulté :*** ✱✱

- ✓ *1 ½ kg de moules*
- ✓ *1 tasse de bière*
- ✓ *¾ tasse de farine*
- ✓ *½ citron*
- ✓ *Huile d'olive pour la friture*
- ✓ *Sel*

Grattez les moules sous le robinet. Mettez-les dans une casserole sur le feu jusqu'à ce qu'elles s'ouvrent. Retirez-les des coquilles et posez-les sur du papier absorbant pour qu'elles égouttent.
Mettez alors la farine dans un bol et ajoutez peu à peu la bière tout en touillant pour obtenir une crème épaisse. Salez et ajoutez le jus de citron. Mélangez.
Faites chauffer l'huile dans la friteuse. Enfilez les moules deux à deux sur un cure-dent, trempez-les dans la pâte à beignet et faites-les frire dans l'huile bien chaude jusqu'à ce qu'elles soient dorées. Égouttez les et servez-les avec une sauce au yaourt à l'ail, une sauce « tarator » (noix moulues, ail, jus de citron et huile), etc.

Boisson recommandée : Vin blanc jeune A.O.C. Valdeorras.

TIGRES

Ingrédients pour 8 personnes : **Difficulté : ✱✱✱**

- ✓ *1 kg de moules*
- ✓ *2 cuillerées de sauce tomate*
- ✓ *1 tasse de béchamel*
- ✓ *1 œuf*
- ✓ *3 cuillerées de chapelure*
- ✓ *1 tranche de mie de pain*
- ✓ *½ tasse d'huile d'olive*
- ✓ *Poivre moulu*
- ✓ *Sel*

Lavez les moules et grattez-les sous le robinet. Faites-les ouvrir dans une casserole et ôtez-les des coquilles. Hachez les moules et mettez-les dans un bol et ajoutez la mie de pain émiettée, la tomate, le sel et le poivre. Mélangez. Remplissez les coquilles avec cette préparation et recouvrez-les de sauce béchamel.
Battez l'œuf dans une assiette creuse. Passez les moules par l'œuf et par la chapelure. Chauffez l'huile dans la friteuse et faites frire les moules jusqu'à ce qu'elles soient dorées. Égouttez sur du papier absorbant et servez chaud.

Boisson recommandée : Vin rosé A.O.C. Penedés.

Ostras al horno
(Huîtres au four)

Ingrédients pour 6 personnes : ***Difficulté : ✱✱✱***

- ✓ *12 huîtres*
- ✓ *3 tomates*
- ✓ *2 cuillerées d'huile d'olive*
- ✓ *1 cuillerée de persil haché*
- ✓ *1 tasse de mie de pain*
- ✓ *Poivre moulu*
- ✓ *2 cuillerées de beurre*
- ✓ *Sel*

Ouvrez les huîtres, retirez-les des coquilles et faites-les cuire dans leur eau avec un peu d'eau si nécessaire durant 1 minute. Égouttez-les et hachez-les.
Pelez les tomates et hachez-les finement. Faites chauffer l'huile dans la poêle et faites-y revenir les tomates à feu doux 15 à 20 minutes. Ajoutez les huîtres, le persil, le sel et le poivre. Mélangez et laissez cuire 1 minute de plus. Graissez les coquilles avec le beurre et farcissez-les avec la préparation antérieure. Saupoudrez avec la mie de pain émiettée et mettez au four préchauffé, sous le gril, jusqu'à ce qu'elles soient dorées. Servez aussitôt.

Boisson recommandée : Vin blanc d'élevage A.O.C. Rias Baixas.

PULPO A FEIRA

(POULPE A FERIA)

Ingrédients pour 6 personnes : ***Difficulté :*** ✱✱

- ✓ *500 g de poulpe*
- ✓ *Paprika piquant*
- ✓ *½ cuillerée de paprika doux*
- ✓ *500 g de petites pommes de terre*
- ✓ *8 cuillerées d'huile d'olive vierge extra*
- ✓ *2 feuilles de laurier*
- ✓ *Gros sel*

Lavez le poulpe et séchez-le avec du papier absorbant. Congelez-le pour le ramollir et ne pas avoir à le frapper. Faites-le ensuite décongeler. Mettez sur le feu un grand faitout rempli d'eau, avec le sel et le laurier. Plongez plusieurs fois le poulpe avec les tentacules vers le bas et laissez-le finalement dans l'eau lorsque celle-ci reprend l'ébullition. Laissez cuire 30 à 40 minutes. Piquez le poulpe plusieurs fois pour constater qu'il est cuit. Retirez le poulpe de l'eau et laissez-le reposer 15 minutes pour pouvoir enlever la peau plus facilement. Pelez les pommes de terre et faites-les cuire, entières ou en morceaux, dans l'eau de cuisson du poulpe. Coupez les tentacules du poulpe en rondelles et disposez-les sur un ou plusieurs plats en bois. Saupoudrez avec le paprika doux et le piquant et le gros sel. Arrosez d'huile uniformément et servez tiède ou froid.

Boisson recommandée : Vin blanc jeune A.O.C. Ribeiro.

Chopitos fritos
(Petits calmars frits)

Ingrédients pour 6 personnes : ***Difficulté :*** ✱✱

- ✓ *500 g de petits calmars*
- ✓ *6 cuillerées de farine pour friture*
- ✓ *1 tasse d'huile d'olive pour friture*
- ✓ *1 citron*
- ✓ *Sel*

Lavez les petits calmars et laissez-les entiers. Salez-les légèrement et mettez-les dans une passoire. Farinez-les dans la passoire avec la farine pour friture. Secouez la passoire afin d'égaliser la farine et d'en enlever l'excès.
Chauffez l'huile dans la friteuse et faites frire les petits calmars par étapes en surveillant la cuisson. Égouttez-les sur du papier absorbant et servez aussitôt avec des quartiers de citron.

Boisson recommandée : Vin Fino A.O.C. Jerez.

Cocas de anchoas
(Gâteaux aux anchois)

Ingrédients pour 4 personnes : ***Difficulté : ✱✱***

- ✓ *250 g de farine*
- ✓ *½ tasse d'eau*
- ✓ *12 anchois à l'huile*
- ✓ *3 gousses d'ail*
- ✓ *1 cuillerée de persil haché*
- ✓ *3 cuillerées d'huile d'olive*
- ✓ *Sel*

Mettez dans un bol la farine et pétrissez-la avec l'huile, l'eau et le sel pour obtenir une masse homogène qui se détache des mains. (Vous pouvez ajouter un peu de farine si nécessaire). Formez ensuite des petites galettes rondes d'1 cm de grosseur. Placez-les sur la plaque de four à température moyenne, durant 10 minutes.
Sortez-les du four et décorez avec les anchois, l'ail et le persil haché. Remettez au four jusqu'à ce qu'elles soient dorées et craquantes. Vous pouvez les servir chaudes ou froides.

Boisson recommandée : Bière.

Rin-Ran

Ingrédients pour 8 personnes : **Difficulté : ✱✱**

- ✓ 200 g de morue séchée
- ✓ 500 g de tomates
- ✓ 3 poivrons verts
- ✓ 2 gousses d'ail
- ✓ 50 g d'olives noires
- ✓ ½ cuillerée de sucre
- ✓ 8 cuillerées d'huile d'olive
- ✓ Sel

Faites tremper la morue durant 24 heures en changeant l'eau plusieurs fois.
Retirez les peaux et les arêtes du poisson et émiettez-le. Mettez-le dans une casserole avec l'huile, sur le feu. Remuez durant quelques secondes et ajoutez les poivrons coupés en lanières et les gousses d'ail hachées. Laissez frire quelques minutes.
Ajoutez les tomates en morceaux, le sucre, le sel et poursuivez la cuisson à feu doux. Lorsque tout est bien frit (40 minutes plus ou moins), ajoutez les olives et remuez. Peut se servir froid ou chaud.

Boisson recommandée : Vin blanc d'élevage A.O.C. Rueda.

EMPAREDADOS DE SARDINAS
(SANDWICHS DE SARDINES)

Ingrédients pour 12 personnes : ***Difficulté : *****

- ✓ 1 kg de sardines moyennes
- ✓ 8 tranches de fromage fondant
- ✓ 4 tranches de jambon de montagne
- ✓ 400 g de pommes de terre
- ✓ 500 g de tomates
- ✓ 1 oignon
- ✓ 2 gousses d'ail
- ✓ Persil
- ✓ Origan
- ✓ 10 cuillerées d'huile d'olive
- ✓ Poivre moulu
- ✓ Sel

Ouvrez les sardines par le milieu, ôtez les écailles et l'arête. Lavez-les et séchez-les.
Pelez les pommes de terre et coupez-les en tranches. Pelez l'oignon et émincez-le. Faites chauffer l'huile dans une friteuse et faites revenir l'oignon et les pommes de terre sur feu doux jusqu'à ce qu'elles soient légèrement tendres. Égouttez et placez-les dans un plat réfractaire. Salez et poivrez.
Pilez les ails au mortier avec les herbes aromatiques et le sel. Mélangez aux tomates pelées et hachées.
Mettez une sardine ouverte sur un plan de travail. Recouvrez avec de la sauce tomate, une tranche de jambon et une tranche de fromage. Recouvrez avec une autre sardine pour former un sandwich.
Recommencez avec les autres sardines. Posez-les ensuite sur les pommes de terre et nappez avec le reste de la sauce tomate. Préchauffez le four et faites cuire les sardines 20 à 25 minutes à 180°.
Boisson recommandée : Vin Fino Manzanilla A.O.C. Sanlúcar de Barrameda.

Tartitas de sardinas
(Tartelettes de sardines)

Ingrédients pour 4 personnes :		***Difficulté : ✱✱***
✓ *4 plaques de pâte pour petit chausson*	✓ *400 g de tomates*	✓ *½ tasse d'huile d'olive vierge*
✓ *350 g de petites sardines*	✓ *2 gousses d'ail*	✓ *Origan*
	✓ *15 g de sucre*	✓ *Thym et sel*

Plongez les tomates pelées dans de l'eau bouillante afin de mieux les peler. Mettez-les ensuite, entières, dans une casserole avec 1 cuillerée de sel, le sucre et le thym. Recouvrez et laissez cuire à feu très doux jusqu'à ce que les tomates soient confites (cuites et très tendres). Réservez.
Nettoyez les sardines, lavez-les et levez les deux filets. Pelez les gousses d'ail et hachez-les. Faites chauffer 2 cuillerées d'huile dans une poêle et faite frire les ails sur feu doux jusqu'à ce qu'ils soient dorés. Ajoutez les sardines, arrosez avec l'huile. Salez. Recouvrez et lorsque commence l'ébullition, retirez du feu et réservez.
Faites frire les plaques de pâte dans la friteuse, avec l'huile bien chaude. Égouttez soigneusement et monter les tartelettes en mettant les tomates coupées en deux, les filets de sardines. Saupoudrez avec de l'origan. Servez chaud ou froid.
Boisson recommandée : Vin blanc jeune A.O.C. Albariño.

EMPANADILLAS DE TRUCHA
(CHAUSSONS À LA TRUITE)

Ingrédients pour 8 personnes : ***Difficulté : ✱✱✱***

- ✓ *350 g de truite*
- ✓ *1 œuf dur*
- ✓ *1 oignon moyen*
- ✓ *1 tasse d'huile d'olive*
- ✓ *400 g de farine*
- ✓ *1/3 tasse de vin blanc*
- ✓ *1/3 tasse d'eau*
- ✓ *Sel*

Pour la pâte : Mettez la farine dans un bol en faisant fontaine. Versez le vin, l'eau et le même volume d'huile. Ajoutez le sel et pétrissez la pâte pour former une masse homogène. Pétrissez sur une surface enfarinée et formez une boule.

Pour la farce : Nettoyez les truites, faites-les griller dans une poêle, retirez la peau et les arêtes et émiettez-les. Pelez l'oignon et hachez-le finement. Faites-le revenir dans 2 cuillerées d'huile et ajoutez-le aux truites et à l'œuf dur haché. Retirez du feu et laissez refroidir. Etirez la pâte au rouleau sur une surface enfarinée. Coupez des ronds à l'emporte-pièce et posez une cuillerée de farce sur chacun d'entre eux. Refermez-les pour former les chaussons et scellez les bords avec une fourchette. Faites-les frire dans l'huile bien chaude. Égouttez et servez aussitôt.

Boisson recommandée : Vin blanc d'élevage A.O.C. Penedés.

SOLDADITOS DE PAVÍA
(PETITS SOLDATS DE PAVÍA)

Ingrédients pour 8 personnes : **Difficulté : ✱✱**

- ✓ *500 g de morue séchée*
- ✓ *2 tasses de lait*
- ✓ *2 œufs*
- ✓ *Huile d'olive*
- ✓ *1 cuillerée de sucre*
- ✓ *¼ tasse de farine*

Faites tremper la morue 48 heures et changez l'eau toutes les 8 heures. Retirez la peau et les arêtes de la morue et coupez-la en petits morceaux. Placez-les dans une casserole. Recouvrez-les avec le lait et ajoutez une cuillerée de sucre.
Mettez sur le feu et lorsque l'ébullition commence, retirez du feu. Égouttez soigneusement les morceaux de morue.
Passez les dés de morue dans la farine et par l'œuf battu.
Faites chauffer l'huile à la friteuse et faites frire la morue jusqu'à ce qu'elle soit dorée de tous les côtés. Servez aussitôt. Quelques-uns le préfèrent froid.

Boisson recommandée : Vin rouge d'élevage A.O.C. Valdepeñas.

Salpicón de mariscos
(Salpicon de fruits de mer)

Ingrédients pour 6 personnes : ***Difficulté :*** ✷

- ✓ *250 g de lotte*
- ✓ *250 g de crevettes*
- ✓ *3 tomates*
- ✓ *1 poivron vert*
- ✓ *½ petit oignon*
- ✓ *2 cuillerées de vinaigre de Xérès*
- ✓ *6 cuillerées d'huile d'olive*
- ✓ *Sel*

Lavez la lotte et séchez-la avec du papier absorbant. Faites cuire les crevettes et la lotte dans de l'eau bouillante salée durant 1 minute. Retirez de l'eau et égouttez.
Lavez les tomates, séchez-les et hachez-les. Hachez le poivron vert et l'oignon pelé. Mettez dans un saladier la tomate, le poivron et l'oignon, Ajoutez les crevettes et la lotte et assaisonnez avec l'huile, le vinaigre et le sel. Mélangez.
Laissez refroidir durant 2 deux heures et servez frais.

Boisson recommandée : Vin Fino A.O.C. Jerez.

ENSALADILLA DE GAMBAS
(SALADE DE GAMBAS)

Ingrédients pour 8 personnes : **Difficulté : ✱✱**

- ✓ *500 g de pommes de terre*
- ✓ *300 g de gambas*
- ✓ *2 tasses de mayonnaise*
- ✓ *Sel*

Pelez les gambas, réservez-les et mettez les carapaces et les têtes dans une casserole, recouvertes d'eau et une pincé de sel. Laissez cuire durant 20 minutes. Lavez et pelez les pommes de terre et coupez-les en dés. Filtrer l'eau de cuisson des carapaces de gambas et mettez-y les pommes de terre. Faites cuire jusqu'à ce qu'elles soient tendres et ajoutez ensuite les gambas. Laissez cuire 10 minutes de plus. Filtrez les pommes de terre et les gambas et laissez tiédir. Ajoutez délicatement la mayonnaise et laissez refroidir avant de servir.

Boisson recommandée : Vin Fino A.O.C. Jerez.

Tartaletas de gulas
(Tartelettes de fausses civelles)

Ingrédients pour 6 personnes : ***Difficulté :*** ✷

- ✓ *18 minis tartelettes*
- ✓ *250 g de fausses civelles*
- ✓ *1 gousse d'ail*
- ✓ *6 petites tomates*
- ✓ *1 cuillerée de persil haché*
- ✓ *½ citron*
- ✓ *5 cuillerées d'huile d'olive vierge*
- ✓ *Poivre moulu*
- ✓ *1 cuillerée de moutarde*
- ✓ *Sel*

Lavez les tomates, séchez-les sommairement et coupez-les en quatre. Lavez le demi citron, séchez-le et râpez la peau. Pressez le jus dans un bol et mélangez-le au zeste, à l'huile, la moutarde, le sel et le poivre. Pelez la gousse d'ail et pilez-la au mortier ou passez-la au presse-ail. Ajoutez-le à la vinaigrette et mélangez.

Mélangez les fausses civelles au persil haché, à la tomate et la vinaigrette tout en remuant délicatement. Remplissez les tartelettes avec les fausses civelles et servez tout de suite, avant qu'elles ne ramollissent.

Boisson recommandée : Vin blanc jeune A.O.C. Txacoli de Vizcaya.

TAQUITOS DE MERLUZA REBOZADA

(DÉS DE COLIN PANÉS)

Ingrédients pour 4 personnes : ***Difficulté : ✱✱***

- ✓ *250 g de filet de colin*
- ✓ *2 œufs*
- ✓ *3 cuillerées de farine*
- ✓ *Huile d'olive*
- ✓ *Sel*

Lavez et séchez le poisson avant de le découper en petits dés de même grosseur. Battez les œufs dans une assiette creuse avec le sel.
Faites chauffer l'huile dans la friteuse. Roulez les dés de poisson dans la farine et passez-les ensuite par l'œuf battu. Faites-les frire dans l'huile chaude jusqu'à ce qu'ils soient dorés. Retirez-les de la friteuse et posez-les sur du papier absorbant. Servez chaud.

Boisson recommandée : Vin blanc jeune A.O.C. Rias Baixas.

TOMATITOS RELLENOS DE BACALAO
(PETITES TOMATES FARCIES DE MORUE)

Ingrédients pour 4 personnes : ***Difficulté :*** ✱✱

- ✓ *200 g de morue séchée*
- ✓ *8 petites tomates*
- ✓ *2 gousses d'ail*
- ✓ *6 cuillerées d'huile d'olive*
- ✓ *½ cuillerées de piment rouge piquant*

Choisissez des tomates mûres et fermes. Faites tremper la morue durant 48 heures en changeant l'eau plusieurs fois. Égouttez-la et séchez-la et enlevez les arêtes. Pelez les ails et coupez-les en filets. Chauffez l'huile dans une casserole en terre avec les ails. Lorsqu'ils sont dorés, retirez la casserole du feu et enlevez les ails. Réservez-les. Ajoutez alors la morue dans la casserole et faites-lui faire des mouvements circulaires afin qu'elle expulse la gélatine et qu'elle cuise avec la chaleur que conserve la casserole. Sortez la morue de la casserole, retirez la peau et émiettez-la. Faites cuire les tomates 6-8 minutes dans l'eau bouillante. Pelez-les et coupez un chapeau dans la partie supérieure. Videz-les délicatement et farcissez-les avec la morue. Partagez les ails et saupoudrez de paprika. Servez aussitôt.

Boisson recommandée : Vin blanc d'élevage A.O.C. Rueda.

TOSTADITAS GRATINADAS DE BRANDADA
(TOASTS GRATINÉS DE BRANDADE)

Ingrédients pour 4 personnes : ***Difficulté :*** ✱✱

- ✓ *8 tranches de pain de mie*
- ✓ *200 g de miettes de morue*
- ✓ *½ tasse d'huile d'olive*
- ✓ *¼ tasse de lait*
- ✓ *1 gousse d'ail*
- ✓ *1 cuillerée de persil haché*
- ✓ *Sésame*

Dessalez les miettes de morue dans l'eau durant 4 à 6 heures en changeant l'eau de temps en temps. Égouttez et mettez les miettes dans une casserole. Couvrez d'eau. Mettez sur le feu et, avant l'ébullition, retirez du feu et égouttez soigneusement. Mettez dans le verre du mixer les miettes de morue, l'ail haché et le persil. Battez et ajoutez le lait tiède et l'huile, peu à peu, sans arrêter de battre jusqu'à ce que se produise l'émulsion comme s'il s'agissait d'une mayonnaise. Grillez le pain et tartinez-le avec la préparation. Saupoudrez de sésame (facultatif) et gratinez au four chaud quelques minutes. Servez aussitôt.

Boisson recommandée : Vin blanc d'élevage A.O.C. Tarragona.

Vieiras a la gallega

(Coquilles Saint-Jacques à la galicienne)

Ingrédients pour 6 personnes : ***Difficulté :*** ✱✱

- ✓ 6 coquilles Saint-Jacques
- ✓ 1 gros oignon
- ✓ 1 gousse d'ail
- ✓ ½ tasse de vin blanc
- ✓ 2 cuillerées de sauce tomate
- ✓ 1 cuillerée de persil haché
- ✓ 2 cuillerées de chapelure
- ✓ 1 cuillerée de paprika doux
- ✓ 5 cuillerées d'huile d'olive
- ✓ Poivre moulu
- ✓ Sel

Nettoyez les coquilles dans l'eau froide, grattez-les avec une brosse à poil dur et mettez-les dans de l'eau bouillante jusqu'à ce qu'elles s'ouvrent. Retirez alors le ruban noir qui les entoure et lavez-les pour enlever le sable. Pelez et hachez l'oignon et l'ail.
Faites ensuite revenir l'oignon et l'ail dans l'huile dans une poêle. Ajoutez le paprika. Laissez cuire 1 minute et arrosez avec le vin. Laissez réduire et incorporez la sauce tomate. Salez et poivrez.
Remettez la chair des Saint-Jacques dans leurs coquilles. Recouvrez avec la sauce et saupoudrez de chapelure et de persil. Arrosez avec un filet d'huile et gratinez au four. Servez très chaud.
Boisson recommandée : Vin blanc jeune A.O.C. Albariño.

ANGULAS AL AJILLO
(CIVELLES À L'AIL)

Ingrédients pour 4 personnes : **Difficulté : ✷**

- ✓ *250 g de civelles (ou de fausses civelles)*
- ✓ *2 gousses d'ail*
- ✓ *4 cuillerées d'huile d'olive*
- ✓ *1 piment de Cayenne*
- ✓ *Sel*

Versez l'huile dans deux petites écuelles en terre et posez-les sur le feu. Ajoutez les ails pelés et émincés ainsi que le piment de Cayenne en morceaux. Lorsque les ails sont dorés, ajoutez les civelles, remuez délicatement et retirez vite du feu. Couvrez durant quelques minutes afin qu'elles finissent de cuire. Salez légèrement et servez aussitôt.

Boisson recommandée : Vin blanc d'élevage A.O.C. Navarra.

Brochetas de sepia
(Brochettes de seiche)

Ingrédients pour 4 personnes : **Difficulté : ✱✱**

- ✓ 16 petites seiches
- ✓ 2 cuillerées d'huile d'olive
- ✓ 4 gousses d'ail
- ✓ 2 cuillerées de sauce tomate
- ✓ 1 cuillerée de persil haché
- ✓ Poivre noir moulu
- ✓ Sel

Préparez une macération avec les gousses d'ail finement hachées, la tomate, le persil, l'huile, le sel et le poivre.
Lavez les seiches et piquez-les dans des brochettes. Posez les brochettes dans un plat et imbibez-les avec la macération préparée. Laissez reposer 1 ou 2 heures.
Chauffer la plancha ou une grande poêle et faire cuire les brochettes jusqu'à ce qu'elles soient cuites des deux côtés. Servez chaud.

Boisson recommandée : Vin Fino A.O.C. Jerez.

Cocochas en salsa verde
(Langues de morue en sauce verte)

Ingrédients pour 6 personnes : ***Difficulté : ✱✱***

- ✓ *500 g de langues de morue (ou de colin)*
- ✓ *1 petit oignon*
- ✓ *2 gousses d'ail*
- ✓ *2 cuillerées de persil haché*
- ✓ *¼ de piment de Cayenne*
- ✓ *3 cuillerées d'huile d'olive vierge*
- ✓ *Sel*

Lavez les langues et salez-les. Faites chauffer l'huile dans une casserole en terre et faites-y revenir l'oignon finement haché jusqu'à ce qu'il soit transparent. Ajoutez les ails émincés et le piment de Cayenne. Lorsque le tout commence à dorer, ajoutez les langues, le persil, le sel. Mélangez avec une cuillère en bois. Laissez sur le feu jusqu'à ce que l'huile commence à bouillir. Retirez alors du feu.
Donnez à la casserole un mouvement circulaire et constant afin que les languies lâchent leur gélatine et émulsionnent l'huile. La sauce doit être épaisse et compacte. Servez aussitôt.

Boisson recommandée : Vin blanc A.O.C. Txakoli de Vizcaya.

TOSTAS DE ANCHOA

(TOASTS AUX ANCHOIS)

Ingrédients pour 6 personnes : ***Difficulté : ✷***

- ✓ *12 anchois en saumure*
- ✓ *2 tomates*
- ✓ *1 cuillerée de persil haché*
- ✓ *6 tranches de pain*
- ✓ *1 filet d'huile d'olive vierge*

Nettoyez les anchois en séparant les filets. Otez-leur la peau. Passe-les sous l'eau froide et séchez-les. Disposez-les dans un plat et recouvrez-les d'huile d'olive. Laissez reposer 24 heures.
Grillez le pain et recouvrez-le de rondelles fines de tomate. Posez les anchois sur les tomates. Arrosez avec un filet d'huile d'olive et saupoudrez de persil haché.

Boisson recommandée : Vin blanc jeune A.O.C. Yecla.

Cigalas a la parrilla
(Langoustines grillées)

Ingrédients pour 4 personnes : **Difficulté : ✱**

- ✓ *800 g de langoustines*
- ✓ *1 citron*
- ✓ *1 cuillerée d'huile d'olive vierge*
- ✓ *Sel de Guérande*

Lavez les langoustines et coupez-les en deux dans le sens de la longueur. Chauffez la plancha, graissez-la avec l'huile, saupoudrez de sel et placez les langoustines sur la plancha du côté de la carapace. Grillez les langoustines jusqu'à ce que leur chair perde la transparence tout en surveillant qu'elles ne sèchent pas.
Servez les langoustines aussitôt avec quelques grains de sel de Guérande et arrosées du jus de cuisson. Accompagnez de quartiers de citron.

Boisson recommandée : Vin blanc jeune A.O.C. Alella.

BARQUITAS VARIADAS

(BARQUETTES VARIÉES)

Ingrédients pour 6 personnes : ***Difficulté : ✱✱***

- ✓ 10 petites tomates
- ✓ 2 concombres
- ✓ 2 endives
- ✓ 150 g de fromage frais
- ✓ 1 cuillerée de lait
- ✓ 1 cuillerée de beurre
- ✓ Origan
- ✓ Persil
- ✓ Fenouil
- ✓ 4 olives noires
- ✓ 200 g de crevettes bouquet
- ✓ 3 cuillerées de mayonnaise
- ✓ 1 petit oignon
- ✓ 200 g de thon à l'huile
- ✓ 6 cuillerées de crème fraîche
- ✓ 30 g d'œufs de truite
- ✓ Poivre moulu
- ✓ Sel

Videz légèrement les moitiés de tomate. Battez le fromage avec le lait et le beurre. Ajoutez l'origan, le persil et le fenouil. Farcissez et décorez avec les moitiés d'olives.
Pelez les concombres en laissant une partie de la peau. Coupez-les en grosses tranches et videz-les en laissant une petite base. Hachez la pulpe et mélangez-la aux crevettes décortiquées (réservez-en quelques unes), la mayonnaise, l'oignon haché, le sel et le poivre. Farcissez les concombres avec la préparation et décorez avec les crevettes réservées.
Séparez les feuilles des envides, lavez-les et séchez-les. Battez la crème fraîche avec le thon. Farcissez les feuilles d'endives avec le mélange et décorez avec les œufs de truite.
Boisson recommandée : Vin mousseux brut A.O.C. Cava.

Empanada de sardinas
(Tourte de sardines)

Ingrédients pour 12 personnes : **Difficulté : ✱✱✱**

- ✓ *1 kg de farine*
- ✓ *1 tasse d'huile d'olive*
- ✓ *15 g de levure de boulanger*
- ✓ *2 cuillerées de paprika doux*
- ✓ *2 gros oignons pelés et émincés*
- ✓ *300 g de poivrons verts hachés*
- ✓ *½ kg de sardines*
- ✓ *3 gousses d'ail*
- ✓ *Sel*

Pour la farce : Faites chauffer demi tasse d'huile dans une poêle et faites revenir l'oignon et les ails pelés et finement hachés 10 minutes à feu doux. Ajoutez les poivrons et laissez cuire 10 minutes de plus. Ajoutez le paprika doux et le sel, remuez, retirez du feu et laissez refroidir. Filtrez la farce et réservez l'huile. Nettoyez les sardines, ouvrez-les et retirez l'arête centrale.
Pour la pâte : Mettez dans un bol 6 cuillerées d'huile, la levure dissoute dans un peu d'eau tiède et le sel. Mélangez et ajoutez peu à peu la farine tout en pétrissant pour obtenir une pâte homogène. Laissez reposer 1 heure dans un bol recouvert d'un torchon. Diviser la masse en deux portions. Etirez-les au rouleau et foncez avec l'une d'entre elles le fond de la plaque du four. Etalez la farce et, au-dessus, les sardines propres et sans arêtes, en rang d'oignon. Recouvrez avec l'autre portion de pâte et fermez bien la tourte. Piquez la surface avec une fourchette et peignez-la avec de l'huile ou de l'œuf battu. Faites cuire au four à 180° jusqu'à ce que la tourte soit craquante, c'est-à-dire quarante minutes plus ou moins.
Boisson recommandée : Vin blanc jeune A.O.C. Ribeiro.

Sepias con ajo y perejil
(Seiches à l'ail et au persil)

Ingrédients pour 6 personnes : ***Difficulté :*** ✷

- ✓ 600 g de seiches
- ✓ 4 gousses d'ail
- ✓ 6 cuillerées d'huile d'olive
- ✓ Persil
- ✓ Sel

Nettoyez les seiches, et videz-les. Lavez-les aussi bien de l'intérieur que de l'extérieur et séchez-la avec du papier absorbant.
Faites chauffer l'huile dans une poêle et ajoutez en même temps les ails pelés et hachés, les seiches et le persil. Laissez frire durant 5 minutes. Retournez-les.
Salez et servir aussitôt.

Boisson recommandée : Vin blanc d'élevage A.O.C. Alicante.

HUEVAS ALIÑADAS
(ŒUFS DE POISSON ASSAISONNÉS)

Ingrédients pour 4 personnes : ***Difficulté :*** ✱

- ✓ *250 g d'œufs de poisson*
- ✓ *3 tomates*
- ✓ *1 poivron vert*
- ✓ *1 oignon moyen*
- ✓ *1 feuille de laurier*
- ✓ *6 cuillerées d'huile d'olive vierge*
- ✓ *1 ½ cuillerées de vinaigre*
- ✓ *Sel*

Lavez les œufs de poisson. Mettez sur le feu une casserole avec de l'eau, la feuille de laurier, ¼ d'oignon et du sel. Laissez bouillir durant 10 minutes. Ajoutez les œufs de poisson et laissez cuire 5 minutes. Laissez-les refroidir dans le court-bouillon.

Pendant ce temps, lavez les tomates et le poivron et hachez-les finement. Pelez l'oignon restant et hachez-le aussi.

Égouttez les œufs de poisson et coupez-les en tranches épaisses. Disposez-les dans un plat de service. Assaisonnez la salade de tomate, poivron et oignon avec l'huile, le vinaigre et le sel. Nappez les œufs de poissons. Laissez reposer quelques minutes afin que les œufs de poisson s'imbibent de l'assaisonnement.

Boisson recommandée : Vin Fino A.O.C. Jerez.

ŒUFS

HUEVOS ESTRELLADOS CON CHORIZO
(ŒUFS ÉCLATÉS AU CHORIZO)

Ingrédients pour 6 personnes : — ***Difficulté :*** ✱✱

- ✓ *500 g de pommes de terre*
- ✓ *200 g de chorizo*
- ✓ *2 cuillerées d'huile d'olive*
- ✓ *3 œufs*
- ✓ *½ tasse d'huile*
- ✓ *Sel*

Pelez et lavez les pommes de terre et coupez-les en petits dés. Faites-les cuire dans de l'eau bouillante salée durant 10 minutes. Égouttez-les soigneusement.
Faites chauffer l'huile dans une poêle et faites-y frire les pommes de terre jusqu'à ce qu'elles soient légèrement blondes. Égouttez-les et réservez. Coupez le chorizo en tranches fines et faites-les frire aussi.
Battez les œufs en omelette, salez et mélangez-les aux pommes de terre et au chorizo. Chauffez l'huile dans une poêle et jetez-y les oeufs en remuant délicatement. Servez chaud.

Boisson recommandée : Vin rouge d'élevage A.O.C. Navarra.

Canastillas de huevos

(Petits paniers d'œufs)

Ingrédients pour 6 personnes :		**Difficulté : ✱✱**
✓ 150 g de farine	✓ 1 jaune d'œuf	✓ 100 g de bacon
✓ 75 g de beurre	✓ 1 pincée de sel	✓ 12 œufs de caille

Pour les tartelettes : Mettez la farine sur le plan de travail et faites une fontaine. Ajoutez le beurre en morceaux, le jaune d'œuf, une cuillerée d'eau froide et le sel. Pétrissez pour obtenir une pâte homogène. Formez une boule et laissez reposer 30 minutes au réfrigérateur. Etendre ensuite la pâte au rouleau en une couche très fine. Découpez les tartelettes à l'emporte-pièce et foncez-en les moules. Piquez le fond des tartelettes avec une fourchette et faites-les cuire au four moyen 10-15 minutes. Sortez-les du four et laissez tiédir. Démoulez-les et laissez-les refroidir complètement.
Pour la farce : Mettez une couche de bacon haché au fond des tartelettes. Cassez un œuf de caille dans chacune d'entre-elles et recouvrez avec le bacon. Mettez au four et laissez cuire 3-5 minutes ou jusqu'à ce que les œufs soient cuits, mais que le jaune reste tendre.

Boisson recommandée : Vin rouge jeune A.O.C. Rioja.

HUEVOS AL CAPOTE
(ŒUFS À LA CAPOTE)

Ingrédients pour 6 personnes : ***Difficulté :*** ✷

- ✓ *12 œufs de caille*
- ✓ *125 g de jambon iberico*
- ✓ *12 tranches de pain de mir*
- ✓ *2 cuillerées d'huile d'olive*
- ✓ *Sel*

Levez les centres des tranches de pain de mie avec l'emporte-pièce. Faites-les frire dans la friteuse, avec l'huile très chaude. Égouttez sur papier absorbant ou bien grillez-les au four à basse température (90°) jusqu'à ce qu'elles soient dorées.
Graissez une plancha ou une poêle et faites frire les œufs et le jambon en morceaux. Posez le jambon sur le pain frit, recouvrez avec un œuf, salez et servez chaud.

Boisson recommadée: Vin rouge A.O.C. La Mancha.

MIGAS CON HUEVOS DE CODORNIZ
(MIES DE PAIN AVEC DES ŒUFS DE CAILLES)

Ingrédients pour 6 personnes : **Difficulté : ✱✱**

- ✓ *100 g de chorizo*
- ✓ *100 g de petit lard*
- ✓ *6 gousses d'ail*
- ✓ *1 tasse d'eau*
- ✓ *6 œufs de caille*
- ✓ *4 cuillerées d'huile d'olive*
- ✓ *300 g pain blanc*
- ✓ *Sel*

Hachez finement le pain (rassis de préférence) et mettez-le dans un bol ou une jatte. Dissolvez le sel dans l'eau et arrosez le pain (qui doit être humide mais non trempé). Recouvrez le bol avec un torchon et laissez reposer de 8 à 10 heures.
Couvrez le fond d'une poêle d'huile et posez-la sur le feu. Ajoutez les ails entiers et dorez-les. Ajoutez ensuite le chorizo et le petit lard coupés en rondelles et en dés respectivement. Lorsqu'ils ont donné leur graisse, ajoutez le pain sans arrêter de touiller jusqu'à ce que le pain fasse des miettes détachées (30 minutes plus ou moins).
Dans une autre poêle, faites frire les œufs de caille et servez-les avec les « migas » dans de petites assiettes.

Boisson recommandée : Vin rouge Millésimé A.O.C. La Mancha.

REPÁPALOS

Ingrédients pour 10 personnes : **Difficulté : ✱✱✱**

- ✓ *6 œufs*
- ✓ *300 g de pain*
- ✓ *2 bouquets de persil*
- ✓ *8 gousses d'ail*
- ✓ *5 cuillerées d'huile d'olive*
- ✓ *1 oignon moyen*
- ✓ *1 feuille de laurier*
- ✓ *1 tasse de bouillon de bœuf*
- ✓ *Sel*

Battez les œufs en omelette. Ajoutez la mie de pain émiettée et travaillez pour former une pâte. Pilez 6 gousses d'ail au mortier avec 1 bouquet de persil et le sel et ajoutez à la pâte. Mélangez et lorsque le pain est bien imbibé formez les « repápalos » (genre de petite croquette). Faites-les frire dans la friteuse. Égouttez-les et réservez-les.

Pour la sauce : hachez finement l'oignon et faites-le frire avec les deux ails restants finement hachés dans l'huile de cuisson des « repápalos », jusqu'à ce qu'ils soient transparents. Ajoutez le laurier, le persil et le bouillon et laissez cuire 5 minutes.

Ajoutez les croquettes sans que le bouillon les recouvre totalement. Laissez cuire 5 minutes de plus pour qu'elles s'imbibent de la sauce. Servez.

Boisson recommandée : Vin blanc d'élevage A.O.C. Costers del Segre.

Revuelto de erizos de mar

(Brouillade aux oursins)

Ingrédients pour 4 personnes : **Difficulté : ✷**

- *50 g d'œufs d'oursins*
- *2 œufs*
- *Poivre blanc moulu*
- *2 cuillerées d'huile d'olive*
- *Sel*

Battez les œufs dans un bol avec le sel et le poivre. Emiettez les œufs d'oursin avec une fourchette et ajoutez-les aux œufs du bol. Mélangez.

Faites chauffer l'huile dans une poêle anti-adhérente et faites cuire les œufs en remuant sans arrêt avec une fourchette en bois sans les laisser sécher. Servir aussitôt dans de petits récipients ou dans des tartelettes. Vous pouvez décorer chaque tapa avec un petit morceau de pain frit.

Boisson recommandée : Vin blanc jeune A.O.C. Penedés.

HUEVOS RELLENOS DE SARDINAS
(ŒUFS FARCIS DE SARDINES)

Ingrédients pour 4 personnes : **Difficulté : ✱✱**

- ✓ 4 œufs
- ✓ 1 boîte de sardines à l'huile
- ✓ ½ tasse de mayonnaise
- ✓ 12 olives sans noyau
- ✓ 1 cuillerée de persil haché
- ✓ 1 poivron rouge
- ✓ Poivre blanc moulu
- ✓ Sel

Faites durcir les œufs, écalez-les et coupez-les en deux dans le sens de la longueur. Retirez les jaunes et réservez-les dans un bol à part. Retirez les arêtes des sardines.
Triturez les jaunes d'œuf avec la fourchette. Ajoutez les sardines. Conservez-en quelques morceaux pour la décoration. Mélangez et ajoutez la mayonnaise. Travaillez avec la fourchette pour former une pâte.
Assaisonnez avec le poivre et un peu de sel si nécessaire. Saupoudrez de persil et mélangez à nouveau.
Mettez cette pâte dans une poche à douille large et frisée et farcir les blancs d'œufs. Posez au centre de chaque œuf une olive sur un petit carré de poivron rouge et les petits morceaux de sardines réservés.

Boisson recommandée : Vin rosé A.O.C. Cigales.

EL PRIVILEGIO DEL CURA
(LE PRIVILÈGE DU CURÉ)

Ingrédients pour 4 personnes : ***Difficulté : ✱✱✱***

- ✓ *4 œufs de caille*
- ✓ *150 g de chair à saucisse*
- ✓ *4 plaques de pâte pour chaussons*
- ✓ *1 tasse de sauce tomate*
- ✓ *1 gousse d'ail*
- ✓ *½ tasse d'huile d'olive*
- ✓ *Poivre moulu*
- ✓ *1 cuillerée d'origan*
- ✓ *1 feuille de laurier*
- ✓ *Sel*

Pelez la gousse d'ail et hachez-la finement. Faites chauffer 2 cuillerées d'huile dans une poêle et faites-y frire l'ail jusqu'à ce qu'il soit doré. Ajoutez la chair à saucisse et faites cuire à feu vif jusqu'à ce qu'elle se détache. Salez et poivrez et ajoutez la sauce tomate, la moitié de l'origan et la feuille de laurier. Laissez cuire 5 minutes et retirez du feu.
Faites chauffer de l'huile dans la friteuse et faites frire les plaques de pâte à chausson jusqu'à ce qu'elles soient dorées et craquantes. Égouttez-les et posez-les sur 4 petites assiettes. Recouvrez-les de la sauce à la viande. Faites frire les œufs et déposez-les sur chaque tartelette. Saupoudrez avec le reste de l'origan et servez aussitôt.

Boisson recommandée : Vin rouge d'élevage A.O.C. Cariñena.

Tortilla de patatas
(Omelette de pommes de terre)

Ingrédients pour 6 personnes : ***Difficulté :*** ✱✱

- ✓ 500 g de pommes de terre
- ✓ 6 œufs
- ✓ Sel
- ✓ 1 oignon moyen
- ✓ Huile d'olive pour friture

Pelez les pommes de terre. Lavez-les et découpez-les en tranches fines. Salez. Hachez finement l'oignon.
Faites frire les pommes de terre et l'oignon jusqu'à ce qu'elles soient tendres mais non dorées. Mettez-les dans une passoire pour enlever l'excès d'huile.
Battez les œufs dans un bol. Ajoutez les pommes de terre et l'oignon et mélangez. Versez le mélange dans la poêle contenant 2 cuillerées d'huile chaude.
Laissez cuire l'omelette d'un côté et ensuite séparez les bords avec une spatule et retournez-la sur une assiette. Faites-la glisser à nouveau dans la poêle de l'autre côté et laissez cuire. Vous pouvez la servir chaude ou froide.

Boisson recommandée : Vin rouge d'élevage A.O.C. Valdepeñas.

TORTILLA DE HABAS CON JAMÓN
(OMELETTE DE FÈVES AU JAMBON)

Ingrédients pour 6 personnes : ***Difficulté :*** ✱✱

- *6 œufs*
- *50 g de jambon de montagne en petits dés*
- *150 g de fèves tendres pelées*
- *Huile d'olive pour friture*
- *Sel*

Dans une poêle profonde faites cuire lentement les fèves avec 2 cuillerées d'huile et un peu de sel, à couvert, jusqu'à ce qu'elles soient bien tendres. Ajoutez le jambon et remuez avec une cuillère en bois. Réservez sur papier absorbant.
Battez les œufs dans un bol. Ajoutez les fèves avec le jambon, bien égouttés et faites prendre l'omelette dans une poêle avec une cuillerée d'huile chaude. Lorsque l'omelette est bien prise, retournez-la sur une assiette avant de la faire cuire de l'autre côté. Servez froid ou chaud.

Boisson recommandée : Vin rouge jeune A.O.C. Yecla.

Tortilla de ibéricos
(Omelette de charcuteries ibériques)

Ingrédients pour 8 personnes : **Difficulté :** ✷

- *8 œufs*
- *200 g de pommes de terre*
- *1 gros oignon*
- *75 g de jambon serrano*
- *50 g de chorizo ibérique*
- *½ tasse d'huile d'olive pour friture*
- *Sel*

Coupez les pommes de terre et l'oignon en tranches fines et faites-les frire dans une poêle avec l'huile pas trop chaude. Égouttez dans une passoire. Hachez les charcuteries en petits morceaux. Réservez-en un peu pour la décoration. Battez les œufs dans un bol avec les charcuteries. Ajoutez les pommes de terre et l'oignon. Salez et mélangez.
Faites l'omelette dans une poêle avec 2 cuillerées d'huile, à feu doux. Servez décorée avec quelques triangles de jambon et des rondelles de chorizo.

Boisson recommandée : Vin rouge d'élevage A.O.C. Bierzo.

TORTILLA RELLENA DE MORCILLA
(OMELETTE FARCIE AU BOUDIN)

Ingrédients pour 8 personnes : ***Difficulté :*** ✱✱

- ✓ *8 œufs*
- ✓ *1 gros oignon*
- ✓ *¾ tasse d'huile d'olive*
- ✓ *300 g de boudin*
- ✓ *500 g de pommes de terre*
- ✓ *Sel*

Faites blondir l'oignon haché et les pommes de terre en fines rondelles dans l'huile sur feu doux. Attendez que les pommes de terre soient tendres. Mettez-les alors dans une passoire et laissez-les égoutter. Pendant que les pommes de terre cuisent, ouvrir la peau du boudin avec des ciseaux et retirez la chair. Mettez-la dans une poêle anti-adhérente et faites-la frire durant 5 minutes, jusqu'à ce qu'elle soit bien cuite.

Divisez les pommes de terre et l'oignon en quatre portions. Battez les œufs de 2 en deux dans un bol, salez et mélangez à chaque portion de pommes de terre et oignon. Formez quatre petites omelettes et servez-les de deux en deux avec la viande du boudin entre les deux. Servez les omelettes coupées en quatre avec des rondelles de tomate.

Boisson recommandée : Vin rouge d'élevage A.O.C. Rioja.

Tortilla en salsa
(Omelette en sauce)

Ingrédients pour 8 personnes : ***Difficulté :*** ✱✱✱

- ✓ *250 g de pommes de terre*
- ✓ *½ gros oignon*
- ✓ *7 œufs*
- ✓ *6 cuillerées d'huile d'olive*
- ✓ *1 cuillerée de farine*
- ✓ *1 tasse de bouillon*
- ✓ *1 gousse d'ail*
- ✓ *1 cuillerée de persil haché*
- ✓ *2 cuillerées de vin blanc*
- ✓ *Poivre moulu*
- ✓ *Sel*

Chauffez l'huile dans une poêle et faites cuire les pommes de terre pelées et coupées en tranches fines avec ½ oignon haché. Lorsque les pommes de terre sont tendres mais non dorées, retirez-les avec l'écumoire et faites-les égoutter. Mélangez alors avec les œufs battus. Salez et faites l'omelette dans la poêle. Laissez refroidir.
Chauffez l'huile dans une casserole et faites revenir l'oignon restant. Lorsqu'il est blond, ajoutez la farine, remuez et versez le bouillon, le vin, l'ail et le persil hachés, salés et poivrés. Laissez bouillir quelques minutes.
Mettez l'omelette dans la casserole et laissez cuire à feu doux 10 minutes. Découpez et servez.

Boisson recommandée : Vin rouge d'élevage A.O.C. Navarra.

TORTILLA MARINERA
(OMELETTE MARINIÈRE)

Ingrédients pour 8 personnes : ***Difficulté :*** ✱✱

✓ *8 œufs*	✓ *1 petit oignon frais*	✓ *1 tasse de mayonnaise*
✓ *250 g de surimi*	✓ *1 oignon sec*	✓ *½ yaourt*
✓ *½ laitue*	✓ *250 g de pommes de terre*	✓ *½ tasse d'huile d'olive*

Pelez, lavez et coupez les pommes de terre en tranches fines. Pelez l'oignon et émincez-le ou hachez-le. Faites chauffer de l'huile dans la friteuse et faites revenir l'oignon jusqu'à ce qu'il soit transparent. Ajoutez les pommes de terre et laissez cuire à feu doux 30 minutes ou jusqu'à ce que les pommes de terre soient cuites. Retirez avec une écumoire et égouttez soigneusement.

Pendant que les pommes de terre cuisent, préparez la salade avec la laitue, l'oignon frais et le surimi hachés tout en en gardant quelques brins pour la décoration. Mélangez avec la mayonnaise et le yaourt. Assaisonnez la salade.

Divisez les pommes de terre en quatre portions. Battez les œufs de deux en deux et mélangez-les aux portions de pommes de terre. Faites quatre omelettes larges et plates. Laissez refroidir et servez en mettant la salade entre deux omelettes. Décorez avec les morceaux de surimi réservés.

Boisson recommandée : Vin rosé A.O.C. Navarra.

VIANDES

LIMOSNERAS DE HABITAS Y BUTIFARRA
(AUMÔNIÈRES DE PETITES FÈVES ET DE SAUCISSE)

Ingrédients pour 8 personnes : **Difficulté : ✱✱**

- ✓ *8 feuilles de brick*
- ✓ *250 g de saucisse fraîche*
- ✓ *250 g de fèves écossées*
- ✓ *½ tasse de vin cuit Oloroso*
- ✓ *1 cuillerée d'huile d'olive*
- ✓ *Poivre noir moulu*
- ✓ *16 brins de ciboulette*
- ✓ *Sel*

Ouvrez la peau de la saucisse avec des ciseaux et prélevez la chair. Faites chauffer l'huile dans la poêle et faites frire la chair à saucisse en l'écrasant avec une fourchette. Lorsque la viande est dorée, ajoutez les fèves écossées et faites revenir 10 minutes. Retirez l'excès de graisse de la poêle. Arrosez avec le vin, salez, poivrez et laissez réduire le liquide de moitié.
Coupez en deux les feuilles de brick. Mettez une cuillerée de la préparation antérieure au milieu de la demi feuille et formez les aumônières. Attachez-les avec les brins de ciboulette ou du vert de poireau. Posez-les sur une plaque de four. Huilez-les à l'aide d'un pinceau et faites-les dorer au four durant 8 à 10 minutes. Servez à la sortie du four.

Boisson recommandée : Vin rouge d'élevage A.O.C. Priorat.

ALBÓNDIGAS EN SALSA PICANTE
(FRICADELLES EN SAUCE PIQUANTE)

Ingrédients pour 8 personnes : ***Difficulté :*** ✱✱

- ✓ *200 g de chair à saucisse*
- ✓ *200 g de bœuf haché*
- ✓ *1 tranche de pain trempée dans du lait*
- ✓ *1 œuf*
- ✓ *1 cuillerée de concentré de tomate*
- ✓ *Coriandre hachée*
- ✓ *Cumin en poudre*
- ✓ *Sel*

Pour la sauce : *1 tasse de purée de tomate, 1 oignon haché, ½ piment de Cayenne, 1 gousse d'ail hachée, ciboulette hachée, 1 cuillerée de sucre, 2 cuillerées d'huile d'olive.*

Pour faire les fricadelles : Battez l'œuf dans un bol et ajoutez tous les ingrédients indiqués pour les fricadelles. Mélangez et formez des petites boulettes de viande. Placez-les sur une plaque de four et arrosez-les avec l'huile. Préchauffez le four et faites cuire les fricadelles à 200°, 10 à 15 minutes.

Pour la sauce : Faites chauffer l'huile dans une poêle et faites blondir la ciboulette, l'ail et le piment. Au bout de cinq minutes, ajoutez le reste des ingrédients et faites revenir à feu doux durant 10 à 15 minutes. Servez les fricadelles chaudes dans un plat de service et servez la sauce à part.
Boisson recommandée : Vin rouge d'élevage A.O.C. Ribera del Duero.

TERRINA DE CONEJO
(TERRINE DE LAPIN)

Ingrédients pour 8 personnes : ***Difficulté :*** ✱✱✱

- ✓ *1 ¼ kg de lapin*
- ✓ *250 g de chair à saucisse*
- ✓ *100 g de veau haché*
- ✓ *200 g de petit lard*
- ✓ *1 oignon moyen*
- ✓ *1 carotte et 1 poireau*
- ✓ *1 branche de cèleri*
- ✓ *2 œufs*
- ✓ *½ tasse de crème fraîche*
- ✓ *2 cuillerées d'huile d'olive*
- ✓ *1 petit bouquet garni*
- ✓ *6 grains de poivre et sel*

Désossez le lapin. Faites revenir les os dans de l'huile avec oignon, carotte, céleri et poireau en julienne. Ajoutez bouquet garni et grains de poivre. Couvrez d'eau et laissez cuire à feu doux pendant une heure.

Filtrez le bouillon de cuisson. Réduisez-le jusqu'à épaississement tout en écumant. Hachez la viande et mélangez-la à la chair à saucisse et auhaché de veau, oeufs, crème fraîche, sel, poivre moulu et bouillon.

Tapissez un moule avec le petit lard en en laissant assez pour le replis. Versez la préparation dans le moule. Rabattez le petit lard.

Recouvrez de papier alu et faites cuire au bain Marie une heure à tour moyen. Vérifiez le degré de cuisson et sortez la terrine du four. Posez un poids dessus jusqu'à refroidissement complet. Servez avec des toast.

Boisson recommandée : Vin rouge d'élevage A.O.C. Binissalem.

ALITAS ADOBADAS
(AILERONS DE POULET MARINÉS)

Ingrédients pour 8 personnes : ***Difficulté :*** ✱✱

- ✓ 1 kg d'ailerons de poulet
- ✓ 4 cuillerées de miel
- ✓ 2 cuillerées de confiture d'abricots
- ✓ 1 cuillerée de gingembre en poudre
- ✓ 2 ails écrasés
- ✓ 1 cuillerée de sauce soja
- ✓ 1 cuillerée de ketchup
- ✓ Sel

Lavez les ailerons et séchez-les avec du papier absorbant. Mettez tous les autres ingrédients dans une casserole sur le feu et réchauffez doucement durant 5 minutes.
Mettez les ailerons dans un récipient et nappez-les avec la marinade. Couvrez et laissez reposer 2 heures.
Retirez les ailerons de la marinade et grillez-les au barbecue durant 15 ou 20 minutes, jusqu'à ce qu'ils soient dorés et à point. Servez avec votre sauce préférée.

Boisson recommandée : Vin Oloroso sec A.O.C. Jerez.

Banderillas en bechamel
(Brochettes à la béchamel)

Ingrédients pour 4 personnes : ***Difficulté :*** ✱✱✱

- ✓ *200 g de blanc de poulet cuit*
- ✓ *1 tasse de béchamel*
- ✓ *1 cuillerée de chapelure*
- ✓ *1 œuf*
- ✓ *¼ tasse d'huile d'olive*
- ✓ *Sel*

Coupez le blanc en tout petits dés. Prenez des brochettes en acier ou en bois. Enfilez 3 morceaux de viande dans chaque brochette et salez. Baignez les brochettes dans la béchamel pour les recouvrir d'une fine couche et laissez les refroidir sur une surface plate.

Battrez l'œuf dans une assiette creuse. Passez-y les brochettes et passez-les ensuite dans la chapelure. Faites frire dans la friteuse. Égouttez sur papier absorbant et servez chaud.

Boisson recommandée : Vin rouge d'élevage A.O.C. Valdepeñas.

Bolitas de codorniz
(Boulettes de caille)

Ingrédients pour 6 personnes : **Difficulté : ✱✱**

- ✓ 12 cuisses de caille
- ✓ 2 gousses d'ail
- ✓ 2 cuillerées de vin blanc
- ✓ 2 feuilles de laurier
- ✓ 2 cuillerées de ketchup
- ✓ 1 cuillerée d'huile d'olive
- ✓ ¼ tasse de sauce soja
- ✓ Sel

Lavez et séchez les cuisses de caille et retirez délicatement l'os supérieur. Tirez sur la chair afin d'en faire une boule et pouvoir la tenir entre les doigts par l'autre os. Mettez les cuisses dans un plat creux.
Pelez les ails, pilez-les au mortier avec le vin, le laurier coupé en morceaux, le ketchup, le sel et l'huile. Versez sur les cuisses et veillez à ce qu'elles s'imbibent bien de la marinade. Laissez reposer 30 minutes (Vous pouvez les préparer d'un jour pour le lendemain).
Mettez les cuisses dans un plat métallique et cuisez-les au four préchauffé à 180° jusqu'à ce qu'elles soient dorées, c'est-à-dire 30 minutes plus ou moins. Servez chaud accompagné de sauce soja en saucière.

Boisson recommandée : Vin rouge d'élevage A.O.C. Valdepeñas.

PINCHOS DE MELÓN CON JAMÓN
(BROCHETTES DE MELON AU JAMBON)

Ingrédients pour 4 personnes : ***Difficulté :*** ✱

- ✓ *400 g de melon*
- ✓ *150 g de jambon iberico*
- ✓ *150 g de gambas*
- ✓ *1 pincée de paprika*
- ✓ *3 cuillerées d'huile d'olive vierge*
- ✓ *1 cuillerée de vinaigre de Xérès*
- ✓ *Ciboulette*
- ✓ *Sel*

Coupez le melon en petits carrés ou en boulettes de même grosseur. Mettez-le dans un bol. Mélangez dans une tasse l'huile, le vinaigre, le sel et le paprika. Versez sur le melon. Mélangez et laissez reposer 10 minutes.

Coupez le jambon en tranches fines et petites. Piquez-le dans la brochette en alternant avec les boulettes de melon. Piquez les brochettes sur la peau du melon ou sur une autre surface où elles puissent tenir droites. Faites sauter les gambas pelées sur la plancha ou dans une poêle chaude. Piquez-en une à chaque brochette. Saupoudrez de ciboulette et servez.

Boisson recommandée : Vin mousseux brut A.O.C. Cava.

Pinchitos de pollo
(Brochettes de poulet)

Ingrédients pour 4 personnes : **Difficulté : ✱✱**

- ✓ 250 g de blanc de poulet
- ✓ ½ tasse de vin blanc
- ✓ ½ tasse d'eau
- ✓ 2 cuillerées d'huile d'olive
- ✓ 1 cuillerée de paprika doux
- ✓ ½ cuillerée de paprika piquant
- ✓ Origan
- ✓ 1 feuille de laurier
- ✓ 2 gousses d'ail
- ✓ Sel

Lavez et séchez le blanc de poulet avec du papier absorbant. Coupez des lanières et déposez-les dans un bol. Salez et ajoutez les gousses d'ail pelées et pressées, le vin, l'eau, l'huile et les deux paprikas, le laurier et l'origan. Mélangez et laissez reposer 2 heures.
Piquez ensuite les morceaux de viande dans une brochette en bois et faites les griller sur la plancha avec 2 cuillerées d'huile. Servez les brochettes chaudes.

Boisson recommandée : Vin rouge jeune A.O.C. Ribera del Duero.

Chuletitas de conejo
(Côtelettes de lapin)

Ingrédients pour 4 personnes : ***Difficulté :*** ✷

- ✓ *200 g de côtelettes de lapin*
- ✓ *1 cuillerée de vinaigre*
- ✓ *1 cuillerée de sucre roux*
- ✓ *1 cuillerée de maïzena*
- ✓ *½ tasse de bouillon de volaille*
- ✓ *1 branche de thym*
- ✓ *3 cuillerées d'huile*
- ✓ *Poivre moulu*
- ✓ *Sel*

Salez et poivrez les côtelettes de lapin et faites-les frire dans l'huile bien chaude jusqu'à ce qu'elles soient dorées mais sans trop les cuire. Réservez au chaud.
Ajoutez à l'huile de friture le sucre, le vinaigre, la branche de thym, le sel, le poivre et la maïzena dissoute dans le bouillon. Faites lier la sauce sur le feu. Servez les côtelettes aussitôt, nappées de sauce.

Boisson recommandée : Vin rouge d'élevage A.O.C. Benissalem.

Costillas marinadas al comino
(Côtelettes marinées au cumin)

Ingrédients pour 8 personnes : **Difficulté : ✱✱**

- ✓ 500 g de côtelettes de porc
- ✓ 4 gousses d'ail
- ✓ 1 cuillerée de cumin
- ✓ 1 cuillerée de vinaigre de Xérès
- ✓ 2 cuillerées d'huile d'olive
- ✓ 2 cuillerées de sauce tomate
- ✓ 1 cuillerée de sucre
- ✓ Thym
- ✓ Poivre moulu
- ✓ Sel

Lavez les côtelettes et placez-les dans un plat creux. Pelez les ails et pilez-les au mortier avec les cumins, le sel et le poivre. Ajoutez le vinaigre, le sucre, la tomate, le thym, le sel et le poivre. Mélangez et versez sur les côtelettes en les graissant des deux côtés. Recouvrez avec du film de cuisine et laissez macérer deux heures.

Placez les côtelettes sur un plateau métallique avec leur marinade. Arrosez d'huile et mettez au four bien chaud (180°) durant 30 minutes jusqu'à ce qu'elles soient dorées et craquantes. Servez chaud.

Boisson recommandée : Vin rouge d'élevage A.O.C. Cariñena.

Criadillas de cordero empanadas
(Rognons blancs d'agneau panés)

Ingrédients pour 4 personnes : **Difficulté : ✱✱**

- ✓ 8 rognons blancs d'agneau
- ✓ 2 œufs
- ✓ Poivre moulu
- ✓ 2 cuillerées de chapelure
- ✓ 4 cuillerées d'huile
- ✓ Sel

Otez la peau qui recouvre les rognons blancs et coupez-les en tranches de 1 cm d'épaisseur. Plongez-les dans de l'eau froide salée et laissez reposer une heure. Égouttez et séchez avec du papier absorbant.

Battez les œufs dans une assiette creuse et mettez la chapelure dans une autre. Salez et poivrez les rognons blancs, passez-les par l'œuf battu et par la chapelure. Faites-les frire dans de l'huile bien chaude pour les faire dorer. Égouttez sur papier absorbant et servez avec des pommes de terre frites ou de la salade.

Boisson recommandée : Vin rosé A.O.C. Navarra.

CROQUETAS DE IBÉRICO
(CROQUETTES DE CHARCUTERIE IBÉRIQUE)

Ingrédients pour 8 personnes : ***Difficulté : ✱✱✱***

- ✓ *100 g de jambon ibérique*
- ✓ *2 ½ cuillerées de farine*
- ✓ *1 tasse d'huile d'olive*
- ✓ *2 tasses de lait*
- ✓ *2 œufs*
- ✓ *1 cuillerées de beurre*
- ✓ *40 g de chapelure*
- ✓ *Sel*

Hachez finement le jambon. Faites chauffer 2 cuillerées d'huile et le beurre dans une casserole ou une poêle et ajoutez la farine. Remuez rapidement avec une cuillère en bois et ajoutez le lait peu à peu sans arrêter de touiller. Lorsque vous aurez incorporé la moitié du lait, ajoutez le jambon et continuez à faire la béchamel. Laissez cuire 5 minutes. Ajoutez du sel si nécessaire. Versez dans un bol et laissez refroidir.
Former les croquettes avec deux cuillères ou avec les mains. Roulez-les dans l'œuf battu et la chapelure. Faites-les frire dans une friteuse jusqu'à ce qu'elles soient dorées. Égouttez sur du papier absorbant et servez chaud.

Boisson recommandée : Vin rouge d'élevage A.O.C. Ribera del Guadiana.

Delicias de chistorra
(Délices de « chistorra »)

Ingrédients pour 8 personnes : ***Difficulté :*** ✱✱

- *250 g de pâte feuilletée*
- *200 g de « chistorra »*
- *1 œuf*

Etirez la pâte feuilletée et découpez-la en morceau aussi grands que ceux de chistorra, un peu plus étroits. Enveloppez chaque morceau de chistorra dans la pâte et scellant les bords avec de l'oeuf battu. Passez le pinceau trempé dans l'œuf battu sur toute la surface de la pâte et faites cuire au four préchauffé à température moyenne-haute jusqu'à ce que la pâte soit dorée et craquante.
Servez aussitôt.

Boisson recommandée : Vin rouge d'élevage A.O.C. Rioja.

Chorizo a la sidra
(Chorizo au cidre)

Ingrédients pour 4 personnes : ***Difficulté :*** ✱

- ✓ *250 g de chorizo*
- ✓ *1 litre de cidre*

Coupez le chorizo en rondelles de 3 cm plus ou moins.
Mettez les rondelles dans une casserole en terre et recouvrez-les de cidre. Laissez cuire 10 minutes met servez chaud de préférence.

Boisson recommandée : Cidre des Asturies.

Callos a la Madrileña
(Tripes à la madrilène)

Ingrédients pour 12 personnes : ***Difficulté : ✱✱✱***

- ✓ *1 kg de tripes*
- ✓ *½ patte de veau*
- ✓ *100 g de jambon serrano*
- ✓ *300 g de chorizo*
- ✓ *300 g de boudin*
- ✓ *1 gros oignon*
- ✓ *1 tomate*
- ✓ *1 cuillerée de farine*
- ✓ *1 feuille de laurier*
- ✓ *Piment de Cayenne*
- ✓ *2 gousses d'ail*
- ✓ *3 branches de persil*
- ✓ *Safran*
- ✓ *Sel*

Lavez soigneusement les tripes et la patte de veau. Mettez-les dans une casserole pleine d'eau salée et laissez cuire à feu doux jusqu'à ce qu'elles soient cuites, plus ou moins deux heures. Faites ensuite chauffer l'huile dans une poêle. Faite blondir l'oignon haché. Ajoutez la tomate pelée et hachée. Remuez et ajoutez la farine. Laissez cuire quelques minutes et ajouter un peu du bouillon de cuisson des tripes. Versez le contenu de la poêle dans la casserole des tripes avec le jambon, le chorizo, le boudin, le laurier et le piment de Cayenne (facultatif) ainsi qu'une pâte faite avec l'ail, le sel, le persil et le safran. Couvrez et laissez cuire une demie heure de plus (le bouillon doit être épais).

Boisson recommandée : Vin rouge Millésimé A.O.C. Madrid.

Fiambre de pavo al oloroso

(Charcuterie de dinde)

Ingrédients pour 8 personnes : ***Difficulté :*** ✱✱

- ✓ *300 g de filet de dinde*
- ✓ *150 g de jambon cuit*
- ✓ *1 œuf*
- ✓ *1 petit bouquet de persil*
- ✓ *Origan*
- ✓ *1/3 tasse de vin oloroso*
- ✓ *30 g de jambon ibérique*
- ✓ *15 g de mie de pain*
- ✓ *Poivre moulu et sel*

Hachez le filet de dinde et le jambon cuit. Mélangez dans un bol la dinde et le reste des ingrédients sauf le jambon ibérique.

Coupez un morceau de papier alu et posez-le sur une surface plate. Mettez la moitié de la viande sur le papier alu, recouvrez-la de jambon ibérique en lanières et recouvrez à son tour avec le reste de la viande.

Formez un rouleau avec le papier alu en serrant fort. Faites chauffer le four et cuisez le rouleau à température moyenne durant 30 minutes. Laissez refroidir en posant un poids dessus. Servez en tranches fines.

Boisson recommandée : Vin rosé A.O.C. Cigales.

Brochetas de riñones de cordero
(Brochettes de rognon d'agneau)

Ingrédients pour 4 personnes : **Difficulté : ✱✱**

- ✓ 8 rognons d'agneau
- ✓ 2 gousses d'ail
- ✓ 1 cuillerée de vinaigre
- ✓ 2 cuillerées d'huile d'olive
- ✓ 4 feuilles de laurier
- ✓ 8 tomates cerise
- ✓ 1 oignon moyen
- ✓ Thym
- ✓ Poivre noir moulu
- ✓ Origan
- ✓ Cumin en poudre
- ✓ 1 tasse d'eau et sel

Mélangez dans une casserole les ails pelés et hachés, les herbes aromatiques (sauf le laurier), 1 tasse d'eau, l'huile, le vinaigre, le sel et le poivre moulu. Laissez cuire 6 à 7 minutes sur feu doux. Nettoyez les rognons, lavez-les et séchez-les avec du papier absorbant. Coupez-les en morceaux. Pelez et émincez l'oignon et coupez en deux les feuilles de laurier. Enfilez sur une brochette en alternant les morceaux de rognons, l'oignon, les tomates cerise et le laurier. Passez-les dans la marinade et laissez reposer 2 ou 3 heures.
Grillez les brochettes sur le gril, le barbecue ou une poêle anti-adhérente. Servez les brochettes sur un lit de riz blanc ou avec une salade.

Boisson recommandée : Vin rouge d'élevage A.O.C. La Mancha.

RIÑONES AL JEREZ
(ROGNON AU XÉRÈS)

Ingrédients pour 8 personnes : **Difficulté : ✱✱**

- ✓ *500 g de rognons de veau*
- ✓ *2 gousses d'ail*
- ✓ *1 cuillerée de persil haché*
- ✓ *4 cuillerées d'huile d'olive*
- ✓ *3 cuillerées de Xérès sec*
- ✓ *Poivre noir moulu et sel*

Lavez les rognons et coupez-les en dés. Réservez.
Mettez l'eau dans une casserole et lorsque l'ébullition commence mettez les rognons dans une passoire et celle-ci sur la casserole pour cuire les rognons à la vapeur. Cuisez 10 minutes afin que les rognons lâchent toute leur eau.
Faites chauffer l'huile dans une poêle et lorsqu'elle est chaude faire revenir les ails pour les dorer. Ajoutez les rognons, faites sauter à feu moyen en remuant de temps en temps jusqu'à ce qu'ils soient dorés. Salez et poivrez et arrosez avec le Xérès. Ajoutez le persil. Laissez cuire quelques minutes. Retirez du feu et servez aussitôt.

Boisson recommandée : Vin rouge Millésimé A.O.C. Rioja.

SOLOMILLITOS A LA SEVILLANA
(FILET MIGNON À LA SÉVILLANE)

Ingrédients pour 8 personnes : **Difficulté : ✱✱**

- ✓ *500 g de filet mignon de porc*
- ✓ *100 g d'olives dénoyautées*
- ✓ *250 g de tomates triturées*
- ✓ *1 oignon*
- ✓ *2 gousses d'ail*
- ✓ *1 cuillerée d'origan*
- ✓ *Poivre noir moulu*
- ✓ *5 cuillerées d'huile d'olive*
- ✓ *Sel*

Lavez la viande et séchez-la avec du papier absorbant. Découpez des tranches pas trop fines. Faites chauffer l'huile dans une poêle et dorez les filets sur feu doux, des deux côtés. Retirez et réservez. Hachez l'oignon et les ails pelés et faites-les revenir dans l'huile des filets mignons, sur feu doux, durant quelques minutes. Ajoutez la tomate et faites cuire à feu doux 15 à 20 minutes.

Versez la sauce tomate dans une casserole. Salez, poivrez et ajoutez les filets mignons, l'origan et les olives dénoyautées. Laissez cuire tout ensemble 10 minute à feu très doux. Servez la viande avec des pommes de terre frites ou bouillies.

Boisson recommandée : Vin Fino A.O.C. Jerez.

Solomillo con cebolla confitada

(Filet mignon de porc avec confiture d'oignon)

Ingrédients pour 8 personnes : ***Difficulté :*** ✱✱

- *400 g de filet mignon de porc ibérique*
- *1 oignon*
- *10 g de raisins de Corinthe*
- *10 g de raisins sec dorés*
- *3 cuillerées d'huile d'olive*
- *1 cuillerée de sucre*
- *Gingembre*
- *½ cuillerée de cannelle en poudre*
- *Poivre moulu*
- *Sel*

Pelez l'oignon et émincez-le finement. Chauffez deux cuillerées d'huile dans une petite casserole à fond épais et faites revenir l'oignon sur feu doux jusqu'à ce qu'il soit transparent. Ajoutez alors les raisins secs, le sucre, la cannelle, le gingembre et le sel. Couvrez et laissez cuire à feu doux jusqu'à ce que la confiture soit blonde et légèrement caramélisée. Retirez du feu et réservez. Lavez la viande et séchez-la avec du papier absorbant. Salez, poivrez et faites-la frire dans l'huile en la laissant saignante. Servez les filets mignons recouverts d'oignon.

Boisson recommandée : Vin rouge Millésimé A.O.C. Ribera del Guadiana.

Tostaditas de sobrasada
(Toasts de soubressade)

Ingrédients pour 6 personnes : ***Difficulté :*** ✷

- ✓ *6 tranches de pain de mie*
- ✓ *150 g de soubressade*
- ✓ *3 cuillerées de sucre*

Eliminer la croûte des tranches de pain de mie et découpez-les en ovale ou carré, suivant le goût. Grillez les tranches de pain au grille-pain. Tartinez-les d'une généreuse couche de soubressade et posez-les sur une plaque de four.
Saupoudrez le centre des toasts avec un peu de sucre. Gratinez les toasts jusqu'à ce que la soubressade soit dorée et légèrement fondue.

Boisson recommandée : Vin rouge d'élevage A.O.C. Pla i Llevant.

PECHUGAS EN ESCABECHE
(BLANC DE POULET EN ESCABÈCHE)

Ingrédients pour 12 personnes : **Difficulté : ✱✱**

- ✓ *600 g de blanc de poulet*
- ✓ *3 carottes*
- ✓ *2 oignons moyens*
- ✓ *3 gousses d'ail*
- ✓ *½ tasse de vin blanc*
- ✓ *½ tasse de vinaigre*
- ✓ *2 feuilles de laurier*
- ✓ *3 grains de poivre noir*
- ✓ *1 peau d'orange sèche*
- ✓ *Thym*
- ✓ *8 cuillerées d'huile d'olive*
- ✓ *Sel*

Lavez et séchez les blancs de poulet. Faites chauffer 8 cuillerées d'huile d'olive dans la poêle et dorez les blancs. Retirez-les et déposez-les dans une grande casserole.
Laissez deux cuillerées d'huile dans la poêle et faites revenir légèrement le laurier et le thym. Versez-les dans la casserole de la viande.
Ajoutez les ails émincés, les oignons en anneaux, les carottes en rondelles, les grains de poivre et le sel. Faites revenir 5 minutes. Ajoutez alors le vin, le vinaigre et l'eau pour couvrir les blancs. Couvrez et laissez cuire 20 minutes. Ajoutez la peau d'orange et laissez refroidir. Servez le blanc coupé en tranches avec sa sauce.

Boisson recommandée : Bière.

Pollo al ajillo

(Poulet à l'ail)

Ingrédients pour 8 personnes : ***Difficulté :*** ✷

- ✓ *750 g de poulet*
- ✓ *10 gousses d'ail*
- ✓ *¼ tasse de vin blanc*
- ✓ *6 cuillerées d'huile d'olive*
- ✓ *Poivre moulu*
- ✓ *Sel*

Coupez le poulet en petits morceaux. Lavez-le et séchez-le. Salez et poivrez.
Chauffez l'huile dans la poêle et ajoutez-y le poulet. Faites-le sauter en remuant durant 5 minutes sur feu doux. Ajoutez les ails pelés et hachés et faites dorer de tous les côtés. Ajoutez alors le vin, remuez et laissez sur feu doux jusqu'à ce que le poulet soit cuit et que le vin soit évaporé. Servez chaud. (On mange généralement le poulet à l'ail avec les doigts).

Boisson recommandée : Vin rouge d'élevage A.O.C. Valdepeñas.

Tostas de morcilla
(Toasts de boudin)

Ingrédients pour 6 personnes : **Difficulté : ✱✱**

- ✓ *300 g de boudin à l'oignon*
- ✓ *4 œufs*
- ✓ *1 cuillerée de pignons de pin*
- ✓ *2 cuillerées de raisins de Corinthe*
- ✓ *4 tranches de pain de mie*
- ✓ *2 cuillerées de fromage râpé et sel*

Ouvrez les boudins et retirez la chair. Emiettez-la. Chauffez une poêle et mettez-y le boudin en remuant avec une cuillère en bois jusqu'à ce qu'il lâche un peu de graisse et se réchauffe. Ajoutez les raisins secs et les pignons et remuez. Retirez du feu.
Pendant ce temps, grillez le pain au four. Battez les œufs dans un bol avec du sel. Ajoutez le boudin et mélangez. Chauffez une poêle anti-adhérente et versez-y les œufs avec le boudin. Brouillez à feu doux jusqu'à ce qu'ils prennent tout en restant moelleux.
Répartissez le mélange sur les tranches de pain grillées, saupoudrez de fromage râpé et gratinez quelques secondes. On peut aussi utiliser des biscottes pour que l'ensemble soit plus craquant.

Boisson recommandée : Vin rouge d'élevage A.O.C. Somontano.

DIVERS

PLATO DE IBÉRICOS
(PLAT DE CHARCUTERIES IBÉRIQUES)

Ingrédients pour 12 personnes : ***Difficulté :*** ✷

- ✓ 200 g de jambon ibérique de glands
- ✓ 200 g de saucisson ibérique de glands
- ✓ 200 g de filet ibérique de glands
- ✓ 200 g de chorizo ibérique de glands
- ✓ 16 tranches de pain
- ✓ 2 tomates mûres
- ✓ Huile d'olive vierge extra
- ✓ Sel

Coupez les charcuteries en tranches fines et laissez-les 10 minutes à température ambiante. Coupez les tomates en deux et frottez bien la pulpe sur les tranches de pain. Arrosez d'huile et saupoudrez d'un peu de sel. Servez les charcuteries disposées sur une assiette accompagnées de pain à la tomate.

Boisson recommandée : Vin rouge d'élevage A.O.C. Valdepeñas.

PAELLA MIXTA
(PAELLA MIXTE)

Ingrédients pour 10 personnes : **Difficulté : ✱✱**

- ✓ 350 g de riz
- ✓ ½ poulet
- ✓ 2 petits calmars
- ✓ 250 g de crevettes
- ✓ 500 g de moules cuites
- ✓ ½ poivron rouge et ½ vert
- ✓ 2 tomates mûres
- ✓ 5 cœurs d'artichauts
- ✓ 100 g de petits pois écossés
- ✓ 2 gousses d'ail
- ✓ 6 pistils de safran
- ✓ 1/3 de cuillerée de paprika doux
- ✓ 2 tasses de bouillon
- ✓ 5 cuillerées d'huile d'olive
- ✓ Persil haché et sel

Chauffez l'huile dans une poêle à paella et dorez le poulet coupé en morceaux. Ajoutez les calmars en rondelles, les poivrons en lanières, les tomates pelées et hachées, les petits pois et les cœurs d'artichauts. Remuez et faites cuire 12 à 15 minutes à feu doux en remuant avec une cuillère en bois.

Pilez au mortier les ails, le safran, le paprika, le persil et le sel. Versez dans la paella. Ajoutez le riz et faites revenir. Mélangez l'eau des moules et l'eau de cuisson des crevettes avec le fumet de poisson (double volume de bouillon que de riz). Arrosez le riz avec le bouillon chaud. Salez et faite cuire à grand feu durant 5 minutes. Baissez le feu et laissez cuire 15 minutes de plus. Décorez avec les moules et les crevettes. Laissez reposer 4 à 5 minutes avant de servir.

Boisson recommandée : Vin rosé A.O.C. Utiel-Requena.

BOLITAS DE CABRALES
(BOULETTES DE CABRALES)

Ingrédients pour 4 personnes : **Difficulté : ✱✱**

- ✓ *150 g de fromage de Cabrales*
- ✓ *2 cuillerées de farine*
- ✓ *1 tasse de lait*
- ✓ *2 cuillerées de persil haché*
- ✓ *40 g de beurre*
- ✓ *2 œufs*
- ✓ *3 cuillerées de chapelure*
- ✓ *½ tasse d'huile*
- ✓ *Sel*

Mixez le fromage et la moitié du lait. Faites fondre le beurre dans une poêle et dorez légèrement la farine en remuant sans arrêt avec une cuillère en bois. Sans arrêter de remuer incorporez peu à peu le reste du lait (on peut en ajouter un peu plus si nécessaire). Lorsque la sauce commence à épaissir, ajoutez le fromage battu, le sel et le persil. Remuez sur le feu 8 minutes. Versez dans un bol et laissez refroidir.
Lorsque le mélange est froid, formez des boulettes et passez les par l'œuf et par la chapelure. Faites-les frire dans la friteuse. Egouttez sur papier absorbant et servez bien chaud.

Boisson recommandée : Vin rouge d'élevage A.O.C. Somontano.

CARACOLES EN SALSA
(ESCARGOT EN SAUCE)

Ingrédients pour 8 personnes : **Difficulté : ✱✱**

- ✓ ½ kg d'escargots
- ✓ 80 g de jambon serrano
- ✓ 200 g de tomate triturée
- ✓ 2 poivrons rouges secs
- ✓ ½ piment de Cayenne
- ✓ 1 petit oignon
- ✓ ½ tasse de vin blanc sec
- ✓ 1 feuille de laurier
- ✓ 5 cuillerées d'huile d'olive
- ✓ 1 poivron rouge
- ✓ Sel

Nettoyez soigneusement les escargots (qui devront être purgés) en les lavant plusieurs fois sous le robinet, à grande eau. Mettez-les sur le feu dans un grand faitout plein d'eau froide. Ajoutez le sel, le laurier, le vin et laissez cuire 1,30 ou de 2 heures. Ecumez de temps en temps. Chauffez l'huile dans une poêle et faites revenir l'oignon haché, la tomate, la pulpe des poivrons rouges secs (que nous aurons trempés auparavant). Lorsque tout est à moitié cuit, ajoutez le jambon en dés et faites frire pour faire évaporer l'eau et qu'il ne reste que l'huile. Mettez les escargots dans une passoire et ajoutez-les ensuite à la sauce avec le piment de Cayenne et le poivron rouge en morceaux. Couvrez et laissez cuire 40 minutes à feu doux.

Boisson recommandée : Vin blanc d'élevage A.O.C. Rueda.

Bocaditos de plátano
(Bouchées de banane)

Ingrédients pour 6 personnes : **Difficulté :** ✷

✓ *3 bananes*

✓ *200 g de bacon*

Pelez les bananes et découpez-les en tranches de 4 cm d'épaisseur. Otez la couenne du bacon et enroulez les tranches de bananes en les faisant tenir avec un cure-dent. Chauffez l'huile dans une poêle anti-adhérente et faites frire les bouchées de bananes jusqu'à ce que le bacon soit doré. Servez chaud.

Boisson recommandée : Vin rosé A.O.C. Cigales.

Torta del Casar con jamón
(Torta del Casar au jambon)

Ingrédients pour 4 personnes : ***Difficulté :*** ✷

- ✓ *150 g de jambon serrano*
- ✓ *150 g de Torta del Casar*
- ✓ *4 tranches de pain*

Grillez légèrement le pain. Coupez le jambon et le fromage du même format que le pain. Posez sur chaque tranche de pain un morceau de jambon et un morceau de fromage. Mettez au four jusqu'à ce que le fromage soit légèrement fondu. Servez aussitôt.

Boisson recommandée : Vin blanc d'élevage A.O.C. Rioja.

TABLE DES MATIERES

TABLE DES MATIERES

ŒUFS

VIANDES

DIVERS